时代印记

王志艳◎编著

孙武

延边大学出版社

图书在版编目（CIP）数据

寻找孙武 / 王志艳编著 . —延吉：延边大学出版
社，2013.8(2020.7 重印)

ISBN 978-7-5634-5899-8

Ⅰ.①寻… Ⅱ.①王… Ⅲ.①孙武（前 533 ~ ?）—传
记—青年读物②孙武（前 533 ~ ?）—传记—少年读物
Ⅳ.① K825.2-49

中国版本图书馆 CIP 数据核字 (2013) 第 209674 号

寻找孙武

编著：王志艳
责任编辑：李　宁
封面设计：映像视觉
出版发行：延边大学出版社
社址：吉林省延吉市公园路 977 号　邮编：133002
电话：0433-2732435 传真：0433-2732434
网址：http://www.ydcbs.com
印刷：唐山新苑印务有限公司
开本：690×960　1/16
印张：11 印张
字数：100 千字
版次：2013 年 8 月第 1 版
印次：2020 年 7 月第 3 次印刷
书号：ISBN 978-7-5634-5899-8
定价：29.80 元

前言

　　历史发展的每一个时代，都会有对后世产生巨大影响的人物，都会有推动我们前进的力量。这些曾经创造历史、影响时代的英雄，或以其深邃的思想推动了世界文明的进步，或以其叱咤风云的政治生涯影响了历史的进程，或以其在自然科学领域中的巨大成就为人类造福……

　　总之，他们在每个时代都留下了深深的印记，烙上了特定的记号。因为他们，历史的车轮才会不断前进；因为他们，每个时代的内容才会更加精彩。他们，已经成为历史长河的风向标，成为一个时代的闪光点，引领着我们后人走向更加深邃的精神世界和更加精彩的物质世界。

　　今天，当我们站在一个新的纪元回眸过去的时候，我们不能不提起他们的名字，因为是他们改变了我们的世界，改变了人类历史的发展格局。了解他们的生平、经历、思想、智慧，以及他们的人格魅力，也必然会对我们的人生产生深刻的影响。

　　为了能了解并铭记这些为人类历史发展做出过巨大贡献的人物，经过长时间的遴选，我们精选出一些最具影响力、最能代表时代发展与进步的人物，编成这套《时代印记》系列丛书，其宗旨是：期望通过这套青少年乐于、易于接受的传记形式的丛书，对青少年读者的成长产生潜移默化的影响，使他们能够从中吸取到有益的精神元素，立志奋进，为祖国、为人类作出自己的贡献。

前言

　　本套丛书写作角度新颖，它不是简单地堆砌有关名人的材料，而是精选了他们一生当中最富有代表性的事迹与思想贡献，以点带面，折射出他们充满传奇的人生经历和各具特点的鲜明个性，从而帮助我们更加透彻地了解每一位人物的人生经历及当时的历史背景，丰富我们的生活阅历与知识。

　　通过阅读这套丛书，我们可以结识到许多伟大的人物。与这些伟人"交往"，也会进一步提高我们的思想品格与道德修养，并以这些伟人的典范品行来衡量自己的行为，激励自己不断去追求更加理想的目标。

　　此外，书中还穿插了许多与这些著名人物相关的小知识、小故事等。这些内容语言简练，趣味性强，既能活跃版面，又能开阔青少年的阅读视野，同时还可作为青少年读者学习中的课外积累和写作素材。

　　我们相信，阅读本套丛书后，青少年朋友们一定可以更加真切、透彻地了解这些伟大人物在每个时代所留下的深刻印记，并从中汲取丰富的人生经验，立志成才。

导 言

Introduction

孙武（约公元前535年-？），孙氏，名武，字长卿。春秋时期齐国人，出自妫姓或姬姓，后人尊称其为孙子、兵圣。中国古代著名军事家、政治家。曾率领吴国军队大破楚国军队，占领楚国国都郢城，几乎灭亡楚国。著有《孙子兵法》十三篇，为后世兵法家所推崇，被誉为"兵学圣典"。

孙武出生于春秋末年的齐国，其祖先为陈国宗室，后归附齐国的田完。齐景公时期，田完的后人陈书因讨伐莒国有功，被齐景公赐姓孙氏，改名孙书，封于乐安作为食邑，成为妫姓孙氏的始祖。而孙武就是孙书的孙子。

孙武自幼聪慧睿智，机敏过人，勤奋好学，善于思考，富有创见，且特别尚武。少年时就阅读了古代军事典籍《军政》，了解黄帝战胜四帝的作战经验及古代名相伊尹、姜尚、管仲的用兵策略等。

约公元前517年，因不堪齐国攻争频仍，孙武离开齐国，南下吴国，并在吴国结识了因避难而来的伍子胥，从此两人成为至交。

孙武到达吴国后，隐居在吴国都城姑苏（今江苏省苏州）城郊，以务农为乐，并在此著成了旷世巨著《孙子兵法》十三篇。《孙子兵法》被誉为世界第一兵书、兵学圣典、兵学经典之首，并被定为武学的教范。

公元前515年，吴国公子光刺杀吴王僚而即位，是为吴王阖闾。孙武意识到阖闾是一位有为之主，便于公元前512年，在伍子胥的引荐下，向吴王阖闾献上其所著《孙子兵法》十三篇，深得吴王赏识，孙武也被拜为上将军。

公元前512年，在孙武的协助下，吴国消灭了楚国的两个保护国钟吾国及徐国。随后，孙武又向吴王提出"疲楚误楚"的战略，轮番骚扰楚国达6年之久，使楚军认为吴国只敢骚扰，不敢进攻，放松了警惕。

公元前506年，吴王阖闾倾国之力，率领伍子胥、孙武等人，统率3万吴军奇袭楚国。孙武采取了迂回战略，避实击虚，在蔡、唐两国的协助下，多次重创楚军，最终五战五胜，成功消灭楚国，攻陷郢都。以3万吴军大败20万楚军，攻灭强楚，也让孙武一战成名，震惊中原诸国。

公元前496年，吴王阖闾不听孙武劝阻，出兵攻打越国，企图称霸中原，结果被越王勾践打败，重伤而死。孙武及伍子胥遂继续辅佐阖闾之子夫差治国练兵，并助夫差成功大败越王勾践，报仇雪恨。

随着吴国霸业的蒸蒸日上，吴王夫差渐渐变得自以为是，不再像以前那样励精图治，对孙武、伍子胥等一班功臣的建议也不再听从。而越王勾践卧薪尝胆，意欲复国。孙武、伍子胥看透勾践意图，多次劝夫差彻底灭掉越国，不能姑息养奸，留下后患。但夫差不仅不听从孙武、伍子胥的苦谏，还逼一再进谏的伍子胥自刎而亡。

伍子胥的死给了孙武沉重的打击，也让他彻底意识到吴国已不可救药，遂悄然归隐，隐居深山，根据自己的实际作战经验修订兵法，使之成为一代巨著。

本书从孙武的幼年生活开始写起，一直追溯到他在中国军事史上所创造的伟大奇迹，再现了这位中国古代杰出军事家、政治家具有传奇色彩的一生，旨在让广大青少年朋友了解这位兵学巨子杰出的军事才能及用兵艺术，并从中汲取他那种忠贞、勇敢的精神及睿智、高超的军事策略，同时也对他的是非功过进行辨证的认识。

目 录

contents

第一章　传奇家世　/1

第二章　获赐"孙"姓　/11

第三章　结识穰苴　/19

第四章　社会动荡　/27

第五章　去齐避乱　/36

第六章　潜心著书　/44

第七章　晋见吴王　/51

第八章　演兵斩美　/61

第九章　正式拜将　/69

第十章　献策吴王　/77

时代印记　目录

目 录

第十一章　与楚角逐　/87

第十二章　联合唐蔡　/93

第十三章　攻下郢都　/103

第十四章　楚秦联盟　/115

第十五章　破楚返吴　/121

第十六章　夫差继位　/129

第十七章　中原争霸　/135

第十八章　失意归隐　/141

第十九章　吴国败亡　/147

第二十章　《孙子兵法》　/157

孙武生平大事年表　/167

第一章　传奇家世

　　用兵之法，十则围之，五则攻之，倍则分之，敌则能战之，少则能逃之，不若则能避之。

——（春秋）孙武

（一）

　　大约在4000多年前，在华夏这块古老而广袤的土地上，诞生了一位影响了中国几千年文明史的家族——姚姓家族。这个家族的主人名叫姚重华，史称虞舜，是氏族部落的酋长。

　　早年时期，虞舜的家族虽然"微为庶人"，但却以善于制造陶器而闻名。后来，年轻有为的虞舜在部落之间的厮杀及与大自然的斗争中，深孚众望，在各氏族部落中建立起了崇高的威望，当上了部落联盟的首领，成为一代圣贤。

　　相传在远古时代，围绕着争夺自然资源最富饶的中原一代，有三支强大的部落群开始了天昏地暗的讨伐征战。他们分别是西方的炎帝部落、东方的蚩尤部落和西北的黄帝部落。最终，炎帝和黄帝联盟，杀掉了蚩尤，吞并了蚩尤的部落。

　　不久，控制了黄河中下游广大地区的炎、黄联盟反目成仇，双方战于阪泉。黄帝大获全胜，重新统一了炎帝部落，组成了以华夏族为主干的部落联盟，并被推举为这个更大部落联盟的首领。

以黄帝为代表的部落联盟，在取得中原优势之后，经常与向北不断扩张的苗蛮部落间发生冲突。为了统一苗蛮部落，黄帝亲自率部南下，与苗蛮部落进行了50余次战斗，但都没有令苗蛮屈服。

黄帝死后，继承人尧继续殚精竭虑，不断增大对南用兵的规模，但仍没有从根本上解决问题。为了完成黄帝未竟的事业，联盟首领的继承人选便成为尧最为重视的问题。

早在尧暮年之时，便知道自己的儿子丹朱"不肖，不足授天下"，于是召集四方部落酋长，共同商议继任人选。虞舜以自己的贤德和才能被一直推举为尧的继承人。

不久，尧撒手人寰，虞舜便成了天经地义的继承人，但他没有擅继尧位，而是主动让位于尧的儿子丹朱。

然而，放荡不羁的丹朱，德不足以服人，才不足以治民，尽管高居上位，各部落却都不服从他的领导，遇到麻烦还是去找虞舜。丹朱无奈，只好又将首领的位子还给了虞舜。

虞舜晚年时，为让黄帝开创的基业千秋永继，又主动推举治水有功的禹为自己的继承人。禹以舜为楷模，让位于虞舜的儿子商君，但由于各部落都不同意，禹才最终继承了虞舜的位置。

虞舜之后，姚姓家族的后代便如千千万万的华夏儿女一样，过着日出而作、日落而息的田耕生活。

随着时间的推移，历史的车轮进入了奴隶社会。有着帝室血统的虞舜后代虞阏父，这时做了周朝的陶正之官，执掌着王室陶器的制作，并负责管理制陶的百余工匠。

由于虞阏父德高望重，才智兼备，将国家的整个制陶业管理得井井有条，又因他是古代圣贤虞舜的后代，周武王为褒扬其先祖，奖励其功

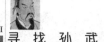

绩，就将自己的长女嫁给虞阏父的儿子满为妻，并将其先祖曾经耕种过的河南淮阳一带分封给他，赐以妫姓，让其建立陈国，以奉舜祀。

这里就是兵圣孙武的家族及其祖辈繁衍栖息的老家故地。而且，妫满自此便称胡公，建都宛丘（今河南淮阳），成为陈国的第一代国君，令虞舜家族在历史大潮的涌动和洗刷中重新崛起。

（二）

陈国从胡满公开始，在西周诸侯林立、相互兼并的斗争中，经过十代十二位国君的励精图治和世袭传授，最终以强大的国力、崭新的风貌，跨入了群雄并起、列国争霸的春秋时期。

春秋时期，以周平王东迁洛邑为标志，拉开了这段历史的帷幕。而关于周平王东迁之事，还要从幽王失国说起。

西周后期，整个奴隶制度呈现出江河日下的趋势。由于公卿大夫之间纷争日增，"经界不正、井地不均、谷禄不平"的现象日渐严重，奴隶制赖以生存的经济基础开始动摇。

随着王室的逐渐衰微，诸侯国对王室的离心倾向也不断加重，奴隶制的经济秩序被打乱，天子控制诸侯的权力和直接拥有的军事力量也日渐削弱，尤其是在同周边部族不停息的战争中，人力物力消耗殆尽。

周厉王时期，为解决国家财力的严重不足，国家对山林川泽实行了国家专利，禁止周族平民进入这里从事打猎、砍柴、捕鱼、采矿等生产活动，断绝了人民的一条谋生之路，结果引起"国人暴动"。百姓纷纷举行起义，迫使周厉王逃出镐京。这一事件，也成为周王朝由盛转衰的重要标志。

周宣王即位后，为挽救危局，实行了一些改革措施，曾令国家出现了表面上的短暂中兴。但好景不长，以井田制为代表的奴隶制生产方式的衰落，令周王朝失去了再现昔日盛世的基础。

与此同时，周朝内部贵族集团的矛盾、周王室与诸侯之间的矛盾也呈激化之势。周幽王即位后，又听信奸臣虢石父的谗言，废掉了原来的申后和太子宜臼，改立他所宠爱的褒姒为王后，并立其子伯父为太子，引起朝臣的震怒和各路诸侯的不满。

公元前771年，因周幽王废除申后而怀恨在心的申侯（申国的国君，申后的父亲），以惩罚无道相号召，联合戎、夷军队讨伐西周。

在联军的强大攻势下，镐京很快沦陷。西戎军队在骊山下杀死了周幽王，昔日繁盛的镐京也被洗劫一空。一个曾经强盛的西周王朝至周幽王灭亡。

周幽王失国后，周朝贵族们便拥立太子宜臼于公元前770年即位，是为周平王。面对极其严重的政治形势，在郑、秦、晋等诸侯的护卫下，周平王迁都洛邑，开始了历史上的东周时期。

东周分春秋（公元前770-前403年）和战国（公元前403-前256年）两个时期。春秋时期同样是个风云变幻的时代。随着王权的沦落，诸侯对天子的朝聘、贡赋大大减少，王室财政愈加拮据。

由于王室经济上对诸侯的仰赖，使国家在政治上就不得不受诸侯的摆布。为此，有的诸侯公开与周平王进行战争；有的诸侯虽然名义上打着"尊王"的旗帜，实际却是想将周平王控制在自己手中，争夺指挥诸侯的霸权。

由于各诸侯国之间经济、政治、军事力量发展的不均衡，国家还出现了诸侯兼并、大国争霸的局势。"礼、乐、征、伐自天子出"被"礼、乐、征、伐自诸侯出"的局面所代替。

这一时期，由于社会政治、经济的空前发展，使得原来用作区分居民身份的国、野区划，井田的土地制度模式，以宗法血缘为生产生活单位的宗邑，以及死徒无出乡的封闭状态，不断分崩瓦解。所有的

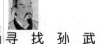

这些变化反映到上层领域，使西周分封诸侯权力对比的平衡相继被打破，奴隶制的等级结构逐渐崩塌。

西周王朝的政治体制是统一王权，这种王权是依靠宗法分封和天子-诸侯-卿大夫的三级政权来维系的。三级政权均拥有自己的武装，按照传统归于各级统率，但天子有权监督、调遣各个诸侯国的军队，可直接"命卿"监察诸侯国拥有的武装。

进入春秋时期以后，随着霸主国的逐渐崛起，逐渐取代了天子所拥有的权力，依靠三级政权来维系的政治体制遭到破坏。这样一来，各诸侯国利用旧有的政治体制，"挟天子以令诸侯"，用"尊王攘夷"、捍卫王室、"以征不德"等名义，直接向中小国家征调兵力、军赋，扩充自己的实力，公开与王室分庭抗礼。

这样的客观形势，将孙武的先辈们卷入了一场激烈而复杂的斗争之中。春秋初年，地处交通要冲的郑国，依仗护送周平王东迁之功，首先"挟天子以令诸侯"。

公元前734年，郑庄公即位后，先打败了企图谋逆的弟弟太叔段，巩固了自己的权力和郑国的统一。接着，他又联合齐国、鲁国，兼并许国，迅速对外发展势力。

由于郑国发展迅速，陈国及鲁、宋、齐等国不得不亲近郑国，从而更加助长了郑国独霸王室的野心。

随着郑国势力的日渐强盛，郑国与周王室之间的矛盾也不断加剧，最终导致了一场大战——繻葛之战，结果王师惨败，周天子的威严一败涂地。

繻葛之战揭开了春秋时期争霸战争的序幕，标志着王权的彻底沦落。此后，先后崛起了齐国、秦国、晋国、楚国等较强的诸侯国，他们也都励精图治，积极从事自己的霸权事业。

（三）

公元前705年秋末，陈国第十二代国君厉公的第一个儿子诞生了，他就是兵圣孙武的第七世祖陈完。

生长在王侯之家的陈完，从小就受到了良好的家学教育，对陈氏家学的流传起到了承前启后的作用。

但是，在陈完步入青年后，陈国围绕着王位的继承问题发生了一场内乱。当初，陈完的父亲在兄弟争立的厮杀中，曾联合蔡人谋杀了自己的哥哥桓公和太子免，夺取君位，是为厉公，从而为陈完奠定了陈国君位的继承权。

后来，陈桓公的次子陈林又杀掉陈厉公，自立为庄公，致使陈完失去了君位的继承权，屈居于陈国的大夫之位。

陈庄公死后，立其弟杵臼为陈宣公。公元前672年，陈宣公废嫡立庶，杀掉了太子御寇，立次子款为君位的继承人。在这场兄弟争立的内乱中，由于陈完与太子御寇交往密切，御寇被杀后，陈完害怕殃及自己，便逃奔到异国他乡。

陈完来到了齐国，投奔了齐桓公。此时，齐国正是齐桓公称霸之时。陈完到达齐国后，齐桓公十分器重他，想封陈完为客卿（指在本国做官的外国人），但陈完以不敢当高位为辞而婉言谢绝。齐桓公见陈完言辞恳切，便不再勉强，于是任命他为"工正"（负责掌管官营手工业的官员）。

不久，陈完便以他的才识胆略和工作实绩赢得了齐人的赞誉，尤其是齐国的上层官僚，对陈完的人品十分敬慕，一位名叫懿仲的贵族还将自己的女儿嫁给陈完为妻。陈完成家立业后，开始了人生新的旅程。

也许是为了淡忘漂泊流亡之苦，珍惜眼下新的生活，陈完定居齐国后，便改姓田氏（另一说：古代陈、田同音，故又称田完）。

田氏家族在齐国几经发展，逐渐家道复兴，显宦盈门，成为望族。田完的第四世孙田无宇，也就是孙武的曾祖父，承田氏家族尚武遗风，以文武兼备著称，并凭借自己在政治上的远见卓识和军事上的统军才华，活跃于齐国的政坛，成为当时位极一时的上大夫。

从田无宇开始，田氏家族在相当长的一段时间内都得宠于齐国，与公室关系非常密切。后来，由于齐国奴隶和平民反抗奴隶主、反对公室的斗争日渐激烈，旧制度崩溃和公室灭亡已成定局，田氏适应形势发展，走向了背离公室的道路，从而使齐国的统治阶级形成了以国君为首的奴隶主贵族集团和以田氏为代表的新兴地主集团，双方展开了长期而剧烈的斗争。

随着田氏势力的逐渐扩大，与旧势力的斗争也日趋公开化。公元前532年，田无宇曾联合国人向贪得无厌、只知道花天酒地的执政贵族栾氏、高氏发起进攻，将他们逐出齐国。

同时，田氏为扩大势力，除积极收揽民心外，还注意联合一切可以联合的力量，对遭受栾、高排斥打击的贵族"反其邑""益其禄"，无禄的人"私分之邑"，有效地分化孤立了守旧势力。

田无宇生有两个儿子，长子田乞，次子田书。两个孩子步入青年后，一个从文，一个善武，各展千秋，成为齐国政坛上最为活跃的力量。

田乞虽然貌不惊人，但却以贤德名闻于诸侯，完全继承了田无宇在政治上的精明与干练。为继承祖辈的未竟之业，他按照先辈的做法，一方面继续对外争取民心，另一方面在内部努力加强田氏宗室的和睦与团结，巩固壮大私家的力量，结果"宗族益强，民思田氏"。

田书虽然不像其兄田乞那样工于政治，却对军事情有独钟。少年时的田书，习兵舞棒，排兵布阵，颇得要领，深得父亲的欢心。于是，田无宇就将家藏的《军政》《军志》等兵法传给他，并亲自教他学习太公之谋。

青年时期的田书不仅饱读兵书，还精于战阵，在诸侯兼并、大国争霸的战争中屡建奇功，成为田氏家族中颇有影响力的名将。

（四）

大约公元前535年前后，齐都临淄虽然历经战争创伤，但仍然保持着东方商业中心城市的繁荣。

坐落在临淄城西北的一幢高墙大院，是城内为数不多的贵族家宅。别具一格的建筑风格，雍容华贵的庭院设计，预示着院主人与众不同的尊贵身份。这里，就是将军田书的家宅。

这天早晨，天气晴空万里，晨风习习。在田氏家宅中，众人都紧张地聚集在院子中央，屏声敛气，等待着一个特殊时刻的到来。

老将军田书的独生子田凭掩藏不住内心的焦虑与不安，在房外不断徘徊，翘首观望。此刻，最让他感到不安的，就是自己即将分娩的妻子的安危。

突然，一声响亮的啼哭声打破了这紧张的氛围。接着，接生婆跑出来，异常兴奋地喊道：

"恭喜主公喜得贵子，母子平安，上上大吉啊！"

乍一听到这个消息，田凭微微一愣，随即便长长地出了一口气。中年得子，事关家业的承嗣，真是幸莫大焉！

随后，田凭一路小跑，来到父亲田书的房间，向父亲汇报这个一家人都期冀已久的喜讯：一个寄托着家族厚望的男婴降生了。

老将军田书一听到这个消息，非常高兴。他大笑着说：

"哈哈，托列祖列宗的洪福，家业有传了！"

田凭也兴奋地笑着，接着说：

"请父亲大人惠赐嘉名。"

田书听罢，略一沉吟，随后便坚定地说：

"观今之天下，列国纷争，群雄并起，胜者王败为寇，今后要建功立业，必有武力。我的孙儿，身系本族的兴衰，我看，就取单名'武'吧。"

同时，自从仓颉造字以来，中国的古文字便以其形声并茂而折服于后人，也给善于形象思维的人们留下了广阔的想象空间。"武"这个字，是由"止"和"戈"两部分组成的，于是人们纷纷借助"（停）止（干）戈"来呼吁和平，反对多年来的列国纷争。"田武"这个响亮的名字，相信也寄托了田氏家族对和平的深切向往。

关于孙武其名，古代还有一段颇具神秘色彩的传说。据传孙武的父辈曾在石间山下垦地自耕，自得其乐。到孙武出生时，正逢天下兵戈再起，人民苦于战乱，希望上天能够垂怜苍生，降下一位济世之才，止干戈于乱世。于是，就生出了一段"孙子受命于天，带'武'而生"的传说。

据说，孙武一落地便紧握双拳，大哭不止。家人不知所措，待分开他的手掌观看，发现他的手掌内纹像清晰，恰似一个篆写的"武"字。全家人都感到十分惊奇，遂为其取名为"武"。

尽管这段极富想象力的传说与田书为孙儿命名的初衷不乏暗合之处，但关于孙武的家世、生平的构想等，都不过是传说，不足为凭。

只是不管怎样，这个尚在襁褓之中的婴儿田武，日后成为了一名名震古今的东方兵圣。

孙武少年时期就特别爱读书，尤其是兵书。孙家是一个祖祖辈辈都精通军事的贵族世家，家中收藏的兵书非常多。《黄帝兵书》《太公兵法》《易经卜兵》《军志》《军政》《军礼》《令典》《周书》《老子兵录》《尚书兵纪》《管子兵法》及上自黄帝、夏、商、周，下到春秋早、中期有关战争的许多竹简，样样都有，孙武平时就喜欢把写满字的竹简拿出来翻看。有不明白的问题就请教家聘的老师，或者直接找祖父、父亲问个明白。

第二章 获赐"孙"姓

是故百战百胜，非善之善也；不战而屈人之兵，善之善
者也。

——（春秋）孙武

（一）

岁月如梭，光阴似箭，一转眼，田武已经从一个浑噩无知的婴儿成
长为一个初谙世事的少年。

早在田武迎来他人生的第一个生日庆典时，家人们就遵循中华民族
古老的习俗，对他进行了一次近乎游戏式的人生预测。

家人们按照自己的愿望，将希望田武未来所从事事业的象征物，整
齐地一一摆放在一张大桌子上。这些象征物既有主农的耒耜，也有主
商的钱币；既有主政的印玺，也有主军的兵书、兵器，等等。

当家人将刚满周岁的田武放在桌子中间时，他那双对大千世界充满
好奇的眼睛，瞪着桌子上的每一件物品，似乎在琢磨着什么，又似乎
有些不知所措。

在家人的一片喧闹的诱导声中，小田武被吓得大哭起来。然而，当
家人将桌子上的东西一件件地摆在他眼前时，他竟然停止了哭声，并

11

伸手按住了那卷已经翻阅得光亮的竹简《军政》上，然后用他那贪婪的小嘴吸吮起来。这幅滑稽相，逗得家人哈哈大笑起来，纷纷说这孩子贪吃。唯有老将军田书的脸上，掠过了一丝难以掩饰的激动与兴奋。

转眼8年过去了，田武已经长成了一个英俊漂亮的总角童子。在他那略带幼嫩的脸上，一双清澈透明的大眼睛，配上两条浓黑的剑眉，英俊之中透着剽悍，文静之中透着智慧，成为一个人见人爱的东方少年。

从咿呀学语到蹒跚走路，再到读书认字，田武都是在祖父田书的膝前身后度过的。他经常缠着祖父给他讲各种战争中的故事，从先祖虞舜征伐苗黎部族的战争到虞阏夫随周武王灭商的牧野之战，从齐桓公霸世到晋楚争战，从诸侯会盟到向戌弭兵，他都百听不厌。

故事中的那一个个操吴戈、披犀甲的斗士，那一次次车错毂、短兵接的冲击，那一副副旌蔽日、敌若云的场面，以及勇士们诚既勇、又以武、终刚强、不可凌的英雄气概，叠缀成一幕幕波澜壮阔的战争活剧，常常令田武听得如痴如醉，激动不已。

尤其是战争中那一个个驰骋疆场、援玉枹、击鸣鼓的将军，更是他心中的偶像。他渴望自己将来也能成为一名像姜太公和祖父那样的将军，能够在疆场上指挥千军万马，在风雨变幻的战争中建功立业。

田武少年时期的受教育情况，史书上没有明确的记载，但从他的家世来推断，作为贵族出身的田武，应该从很小就受到同其他贵族子弟一样系统而又良好的教育。

根据文献记载，古代的小学生入学年龄一般都在8-15岁之间。高级贵族子弟入学时间较早，中低级的贵族入学时间较迟。但很可能中低级贵族子弟未入学前，先在家塾中学习，年龄渐长后才入国学之小学就读。他们一般在小学中学习7年，随后便可升入大学。

设在齐都临淄的普通贵族子弟学校称为"庠序"，是与帝王的"辟雍"、诸侯的"泮宫"等大学相对而言的。

田武在"庠序"中所受教育的内容，应该包括德、行、艺、仪等四大方面，而以礼、乐、射、御、书、数等六艺为基本内容。在小学里，以书和数为学习的重点，在大学以诗、书、礼、乐等为学习重点。

（二）

六艺是六项训练的技能科目，内容繁杂而具体，要求很高。其中，"礼"有五礼，分别为吉、凶、宾、军、嘉等。吉礼讲祭祀，以敬事邦国鬼神。田武从小就对祭祀鬼神一类的活动相当反感，所以在后来的兵书中写下了"禁详去疑""先知者，不可取于鬼神"等句，这在当时是十分难得的。

另外，凶礼讲丧葬凶荒，以救患分灾，哀悼死亡；宾礼是诸侯朝见天子时，以及各国诸侯之间相互交往的礼节；嘉礼是宴饮婚冠等喜庆活动的礼节。

田武对军礼最感兴趣，因为军礼专门讲述整编队形和作战的阵势，辨识金鼓旌旗发号施令的规则，教导兵众坐下、起立、进退、距离疏密远近的节度等。后来，他写下了"夫金鼓旌旗，所一人耳目。人既专一，则勇者不得独进，怯者不得独退，此用众之法"的论述。由此可见，军礼方面的教育给青少年时期的田武留下了深刻的印象。

金鼓旌旗作为军事指挥号令的系统，在军中由大将亲自掌握。"将专诸旗鼓，临阵决疑，挥兵指刃，此将事也，一剑之任，非将事也"。战士的职责是从事白刃格斗，将领的职责在于指挥全军。一名优秀的将领，其伟大之处不在于"一剑之任"，而在于"专主旗鼓，临难决疑，挥兵指刃"。少年时代的田武，也因此而立下了为将挥兵指刃的远大志向。

"乐"有六乐，它既是舞曲，也包括乐舞的歌词，分别歌颂黄帝、唐尧、虞舜、夏禹、商汤、周文武六代历史人物的功德，是史诗性的舞蹈音乐。

其中，《大武》的乐舞反映了周武王灭商统一中国的武功，是当时大学教育中的重要内容。这首歌舞威武雄壮，大气磅礴，田武受到这种舞乐的教育，也必定油然而生出一种庄严神圣的使命感，意欲仿效武王胜迹，戢兵定功。

"射"与"御"都是军事训练科目。其中，射是六艺中一门很重要的学科。"射者，男子之事"，因此从出生之日开始，男子就要强调射箭这件事。当时贵族大家中生下男孩，门左要挂弓，第三天，这家的男主人就要背着婴孩，举行射的仪式，以示男子的责任是守御四方，捍卫国家，出生后就要学射。到了入学年龄，孩子还要接受正规的射箭训练，不能射的，就不称男子之职。

"书"有六书，指象形、会意、转注、处事、假借和谐声。那时的识字教学，都是将汉字的构成分为六书进行的。田武应该精于学术，他学的不仅仅是认识几个字和会书写，还要下笔如有神，能将他的军事思想完美地表达出来。所以，他后来写就的书法，"辞如珠玉"，日本人都称他为"东方第一流的大文豪"。

"数"有九数，包括算术和数学，分别指方田、粟米、差分、少广、商功、均输、方程、赢不足、旁要等九种运算方法。

其中，方田讲的是田亩面积的计算等问题；粟米讲的是按比例交换问题；差分，又称衰分，讲的是按比例分配的问题；少广讲的是在体积计算中运用开平方和开立方的方法问题；商功讲的是工程的计算，尤其是体积的计算等问题；均输讲的是根据人口、路途等条件，合理安排运输赋粟和分配徭役等问题；方程讲的是联立一次以及正负数问题；赢不足，又称"盈不足"，讲的是运用假设的方法解决难题；旁要讲的是勾股定理。

这些都是非常实用的运算方法，因此，田武很有兴趣学习它们，并认为它们十分重要。在其后来所著兵法中开篇的"计"，他就讲了如何筹算的问题，其他篇章也多次强调运用科学的计算来为军事行动服务等问题。

周代是礼乐文明的昌盛时期，因此孔子叹羡曰：

"郁郁乎文哉！吾从周。"

后来孙武之所以能够成为中国古代伟大的军事家，就是因为他沐浴了春秋时期最为灿烂辉煌的华夏文化。

"庠序"中的生活，对少年时代的田武来说，既充满新奇，也伴随着艰辛。田武自幼聪颖好学，对知识的苛求使他对"庠序"生活有着特殊的感情。每当他踏进"庠序"的大门，就仿佛置身于一片知识的海洋，快活地尽情遨游。

田武不仅聪明，还十分刻苦好学。因此，对那些艰涩繁芜的礼教及文化基础课，他都能烂熟于心，融会贯通，颇得先生赏识。由于田武学习勤奋刻苦，在几十名同窗当中，他的成绩一直都是名列前茅。

然而，在封建体制的教学管理下，田武对知识的探求也常常招来烦恼。少年时期的田武，对许多问题就已经有了自己的想法，对任何问题也都企图寻根问底，因此常常会在课堂上向先生提出一些令先生难堪的问题，从而招致先生的责罚。

有时，他也会因为指挥同窗们两军对垒，交手厮杀，将整个学堂搞得天翻地覆，受到先生的鞭笞。然而，此时的田武却总能赢得同窗们的同情，大家对他在对垒时的指挥能力总是钦佩不已。

田武对书籍有着特别的感情，读书也是他生活中的最大嗜好。在13岁时，家中收藏的《军政》《军志》等，便已成了他的课外读物。《军政》《军志》中所蕴含的深刻哲理，也增加了他对兵书的热爱。久而久之，田武对这两部兵书中的奇谋妙计虽然谈不上倒背如流，但却也能如数家珍了。每次与祖父谈兵论战时，他总能言不离典，论必有据，常常令自诩饱读兵书的祖父自叹弗如。

祖父、父亲见田武如此聪颖好学，感到十分欣慰，此后也经常将他介绍给齐国的一些名士，或带他参加一些贵族上层之间的活动。在这些场合里，田武敏锐的思维、独到的见解，总能引起人们的注意和赞许。

（三）

公元前523年仲秋，齐国临淄正酝酿着一场血与火的行动。在古代时期，有夏不征南、冬不征北的说法，而在这"衡阳雁去无留意"的仲秋，的确是对外用兵的最佳时节。于是，齐景公便派遣田书率兵攻打莒国（今山东莒县）。

老将军田书的出征，牵动着田府上下几百口人的心，尤其是田武，他的心早就随同祖父一起去了那刀光剑影的疆场了。因此，他时刻都在关注着战局的发展，挂念着祖父的安危，恨不得披甲执戈，亲自上阵，助祖父一臂之力。

其实，出兵莒国，对久经沙场的老将军田书来说是易如反掌。弹丸之地的莒国，在齐军强大的攻势之下，没支撑多久便弃城而逃。莒共公率残兵败将退守到纪鄣（今江苏赣榆以北）。于是，齐景公又命田书继续围攻纪鄣。

纪鄣城池虽小，但设防完备，兵精粮足，给田书攻城增加了难度。但田书通晓兵法，尤其擅长谋略制敌。兵临纪鄣后，他充分利用夜暗，用织妇所献的绳索，缘绳登城，出其不意地让60人捷足先得，然后里应外合，虚张声势，造成敌人内部恐慌，一举攻下了纪鄣。

捷报传到临淄城，齐景公大悦，齐国百姓也欢喜雀跃，奔走相告，田书的府上更是热闹非凡。虽然田书并非首次出征，像这样的捷报也不是第一次传到府上，但这次非比寻常。即将步入60岁高龄的老将军田书，能创造这种辉煌的时间和机会已经不多了。因此，田府上下都全力做着迎接老将军凯旋回归的准备。

在田府上下的几百口人中，最高兴的莫过于少年田武了。自从田武懂事起，祖父便成了他生活中不可或缺的一部分，既是他的严师、长者，又是他最知心的朋友。因此，祖父即将凯旋归来的消息令少年田武欣喜若狂。他几乎跑遍了整个临淄城，将这个喜讯告诉给自己的每一个好朋友，与他们一同分享着人生的快乐。

不久，临淄城迎来了凯旋而归的前方勇士们。这一天，沉浸在激动与期盼中的田武，穿上节日的盛装，急切地等待着祖父的荣归。在欢迎的人群中，最引人注目的就是齐景公所率领的公室大夫的车仗，其声势之浩大，将此次欢迎的规格提高到了历史之最。

此次讨伐莒国凯旋而归，田书功不可没。齐景公对田书高超的军事谋略和才能非常赏识，不仅将乐安（今山东省惠民县）作为食采之邑封赐给田书，还将"赐姓孙氏"作为一种最高的礼遇以彰其功。从此，在田氏家族中，自田武的祖父开始，就都改姓孙氏。

齐景公对伐莒将士的隆重欢迎和对祖父的丰厚赏赐，给少年的田武留下了终生难忘的记忆。一夜之间，田氏家族不仅有了属于自己的封地，而且还有了齐景公赐予的孙姓，这对客居齐国之地的田氏家族来说，第一次有了一种落地生根的感觉。"田府"与"孙府"仅有一字之差，但却吸引了人们无数崇敬和羡慕的目光。听着伙伴们叫他一声"孙武"，一种从未有过的荣耀和自豪感油然而生。

孙武——这个闪耀着祖辈光荣的名字，也成为鞭策这位将门之后报效齐国的动力，并强化了他对戎马生涯的深切向往。

少年时期的孙武勤学好问，有一次，阅读兵书时读到"国之大事，在祀与戎"一句时，感到不解，就跑去问老师："先生，祀是什么？戎是什么？"老师随口就回答说："祀是祭祀，戎是兵戎。"孙武接着问："祭祀是种精神的寄托，怎么能和兵戎相提并论为国家的大事呢？"老师一时语塞，答不出来。孙武接着又说："只有兵，才是国家的大事，君臣不可不察的大事。"

第三章　结识穰苴

三军可夺气，将军可夺心。

——（春秋）孙武

（一）

转眼间，孙武15岁了。15岁，在中国古代则意味着到了可以为国家大事承担责任和义务的年龄。

在西周时期，战争被视为国家的大事，而对国家大事负有责任和义务的，则是那些具有贵族身份的王室宗亲子弟。因为只有这些贵族子弟，才是公侯的"干城"和"腹心"。为了让这些宗亲子弟真正成为国家的栋梁之才，在这些宗亲子弟到15岁后，便开始训练"六艺"中的"射""御"两项军事技能。

"庠序"里的军事训练是十分艰苦的，需要对每个学生进行严格的"五射"、"五驭"技能的强化训练。

"五射"是白矢、参连、剡注、襄尺、井仪。白矢，就是要求学生必须锻炼强劲的臂力，达到箭穿其靶，露出镞白；参连，要求学生必须提高射箭的速度，一箭射出，三箭必须紧跟其后；剡注，要求学生必须学会居高临下地俯射，这是城防作战所必备的一种射法；襄尺，是举行射礼时的一种特殊射法，要求学生在与君同射时，不能与君并立，必须退后君一尺（折合33厘米）之地；井仪，要求学生提高射箭的精度，四箭中靶，必须从一个射孔而出。

"五驭"是指鸣和鸾、逐曲水、过君表、舞交衢、逐禽左五种驾车技术。通过训练，掌握驾驶战车的信号、单车通过各种地形、双车并行的相互协调、战车列阵合练以及车阵之间的对抗角逐等技术和战术。

"五射"和"五驭"是孙武最感兴趣的科目，因此他练习得也十分刻苦，甚至到了废寝忘食的地步。严冬的朔风、飞雪，都挡不住孙武学习军事技术的热情。每天清晨，空旷的训练场上，他弯弓搭箭，一练就是几个时辰；傍晚，他又常常踩踏着冬日依稀的月光，最后一个离开训练场。夏季的烈日、酷暑都减煞不了孙武练射习御的兴趣，烈日炎炎、骄阳似火的训练场上，孙武总是大汗淋漓地在苦练箭术。

一分耕耘，一分收获。孙武的勤奋、刻苦很快就有了回报，他比其他人更快、更熟练地掌握了射、御的基本技能，成为同族贵族少年中的佼佼者。

"五射"和"五御"既是春秋时期战场上拼杀的基本技能，也是古代社会进行竞技活动的主要项目。在按照自然季节来安排生产的传统社会，开展以军事项目为内容的竞技角逐是一项具有广泛群众基础的活动。

每年的九月，当菊蕊笑绽、氤氲芬芳的时候，丰收的喜悦便将人们带入一个相对的农闲阶段。而一年一度的射、御逐赛则是齐国百姓在这段闲暇生活中最绚丽多彩的一页。经过半年艰苦训练的孙武，也有幸代表"庠序"里的同窗参加了临淄城举行的一年一次的射、御比赛。

这一年的九月，沉浸在丰收喜悦中的齐国百姓早早就期盼着射、御比赛的开始了。具有尚武传统的齐国青壮年，个个饰车备弓，进入赛前紧张的准备。老将军孙书亲手将自己穿过的甲胄和用过的弓矢交给孙子，希望他能够为孙氏家族争光添彩。

比赛的气氛热烈而隆重。比赛这天，整个临淄城都彩旗招展，锣鼓喧天。参赛的选手个个盛饰车马，全副武装，齐至场圃。百姓聚集观看者不计其数，将整个射圃围得水泄不通。

一切准备工作就绪后，齐景公在公卿大夫的簇拥下，莅临射圃，观看比赛。今年的逐赛与往年不同，它是在齐国政治、军事极其衰退的情势下举行的。齐景公为了振兴军事，炫耀武力，才对逐赛活动格外重视，亲自昭告全国，并于半年前就着手逐赛活动的组织与准备工作，令这次逐赛达到了桓公霸世时的规模。

今年参加比赛的选手之多，堪称历史之最。整个逐赛场上，披盔戴甲的选手、排列整齐的战车、迎风招展的战旗，将整个射圃装点得庄严而肃穆。

比赛中，孙武不负众望，在与众多赛手的角逐中，他那娴熟的射、御技术，不时赢得一阵阵喝彩声，同时也引起了坐在齐景公身边的司马穰苴的极大关注。

（二）

司马穰苴，姓田，名穰苴，属于田氏庶孽，不是嫡传，因此地位卑微，身在闾伍（即一般的城市居民）之中。后因做了掌管军事的大司马，人们才称其为司马穰苴。

公元前531年，晋军入侵齐国阿（今山东西部东阿县）、鄄（今山东鄄城县济阴）地区，燕军也乘隙侵扰齐国的河上（旧黄河南岸地区，即沧州、德州一带）地区。齐军屡战屡败，齐景公深为忧虑。

在国家急需人才之际，齐相晏婴素知穰苴才华出众，便向齐景公推荐穰苴。晏婴对齐景公说：

"穰苴系田氏远族子孙，虽然沦落民间，但其人勤奋好学，精通兵法，长于谋略，具有文能附众、武能威敌之才，若能委以重任，当会

不辱使命。"

于是，齐景公就召见了穰苴，与其共谋整军之道，商讨拒敌之策。

穰苴惊世骇俗的见解和出色的军事才能让齐景公大喜过望。从穰苴的身上，齐景公仿佛看到了齐军胜利的曙光，遂将穰苴任命为将，率军抵御晋军和燕军的入侵。

穰苴受命后，担心自己位卑权轻，不足以服众，便请求齐景公派一名位尊权重的大臣作为监军。齐景公接受了穰苴的请求，派自己的宠臣庄贾作为监军，随大军一起出征。

当天，穰苴在辞别齐景公后，未敢懈怠，立刻与庄贾约定第二天中午在军门相见，集军赴战。

次日，穰苴提前到达军门，立下计时漏表，恭候庄贾。然而，庄贾恃君之宠，根本没将身在闾伍、地位卑微的穰苴放在眼中。朝中的阿谀之臣及庄贾的亲朋好友，见齐景公亲点庄贾为监军，都纷纷前来为之祝贺、送行。身负君命的庄贾也乐此不疲，与送行者欢歌宴饮，尽欢而散，早已将军门相会之事置之脑后。

穰苴见庄贾违约不到，便撤下漏表，校阅军队，下达任务，一切部署完毕，已近日暮。这时，庄贾才拖着饱食之躯，醉眼朦胧地来到军中。

穰苴见到庄贾，马上问道：

"为何要违反约期，现在才来？"

庄贾醉醺醺而又傲慢地说：

"只不过赴宴稍微耽误了一会儿，何必这么小题大做呢！"

穰苴见庄贾如此傲慢，十分生气，就义正词严地责问说：

"作为监军应该做到：受命之日则忘其家，临军约束则忘其亲，援枹击鼓则忘其身。而今大敌当前，邦内骚动，君不安枕，民不乐业，你怎么能为一时之乐而忘记君王的命令呢？"

庄贾被穰苴的这番诘问问得一惊，醉意方醒，自知理亏，无言以对。

这时，穰苴又转身问执法官：

"按照军纪，违反约期的应该如何处置？"

执法官回答说：

"当斩！"

穰苴一听，立即命人将庄贾捆绑起来，准备斩首。庄贾吓得一头冷汗，急忙差人去报告齐景公，请求齐景公下令赦免。然而穰苴不为所动，毅然下令斩了庄贾，并传示三军，以明军纪。

三军上下见穰苴执法严明，连国君委派的监军违反了军纪都敢处死，都非常震惊，并且也为穰苴的所为暗暗担心。

正在三军震恐之际，齐景公果然在闻报后派人持节闯营，下令赦免庄贾。穰苴见到使臣后，大义凛然地告诉使臣：

"将在军，君命有所不受，我已依律斩杀了庄贾。"

随后，他又婉转地对使臣说：

"你等驰车闯营，已经触犯了军纪，依律也当斩首。但念你们初犯，暂且赦免，请将此事如实汇报给国君。但是，你们所犯下的罪过，我必须对全军有个交代。"

于是，他又下令斩杀了使臣的侍从，砍掉车的左厢木柱，杀死左边的挽马，号令三军，以儆效尤。

齐军官兵见穰苴罚不阿贵，执法如山，全军无不听命。一切处理妥善后，穰苴重新整合军队，率军出发，踏上了抵御晋、燕入侵的征程。

在与晋军、燕军作战过程中，穰苴身先士卒，率先垂范，与将士同甘共苦，齐军因此而士气高涨，阵容严整，上下也都深服穰苴的治军才能，愿意随其战死沙场，佐命立功。

晋国军队尚未与齐军交手，便听闻穰苴之名，结果已先自挫其志。见齐军确实已与昔日不同，自知难以迎战，不久便主动撤退回国了。而燕军在得知晋军已经撤走的消息后，自知孤掌难鸣，若勉强迎战，也必将自取其败，因此不久也渡河而去。

穰苴率兵追击，尽收齐国失去的土地，随后凯旋而归。

（三）

司马穰苴本来是孙武的同宗叔叔，但近年因为战事繁忙，加上孙武也勤于学业，因此叔侄之间的联系并不多。今天，穰苴望着射圃上来往驰射的孙武，不禁发出"士别三日，当刮目相看"的赞叹。于是，他决定将孙武收为自己的学生，把自己平生所学都传给这位才艺出色的晚辈。

逐赛结束后，穰苴亲自来到孙府，向伯父孙书和堂兄孙凭道贺，并说出了自己的想法。孙书、孙凭对孙武在军事方面的天赋也早有察觉，今天孙武在逐射场上的表现，更是让孙氏父子感到，这是一块值得雕琢的玉璞。

于是，老将军孙书便欣然将家藏的《军政》《军志》及周师齐祖姜尚辅佐周文王、周武王兴周伐纣的言行、纪事等交给穰苴，让其悉心辅导孙武学习兵法韬略，提高军事理论素养。从此，孙武除了继续在"庠序"里的学业外，还跟随叔父穰苴学习兵法韬略。

孙武天资聪颖，勤奋好学，颇受穰苴的喜爱，不久便成为穰苴在兵学上的知己。在一起探讨经国治军之道、制敌取胜之策时，这位虽未经战阵却饱读诗书、通晓太公之谋的少年，思维敏捷，常常见解独特，语出惊人，让这位久经沙场的齐国司马也时有一种自叹弗如的感觉。

因此，穰苴便决定甘做人梯，以助孙武登上军事理论的巅峰；而孙武也视穰苴为师长，虚心求教，不断执着于对军事理论的研究。这两位同时代不同辈分的兵学巨子结合在一起，相互促进，成为至交。而且，孙武不仅从穰苴的身上学到了高深的战争理论，还养成了严谨的治学态度。司马穰苴亲手撰写的《司马穰苴兵法》，也成为孙武涉足兵坛的启蒙作品，将孙武带入了中国古代深奥莫测的兵学理论殿堂。

自从懂事起，孙武就知道自己名字中的"武"字是祖父惠赐的。在

战乱频生的年代，祖父为何以"武"字为自己赐名，孙武从未认真去想过；现在，在跟随司马穰苴学习的过程中，他才逐渐悟出了"武"字的真实意义，以及祖父的良苦用心。于是，一种历史的责任感油然而生，孙武也感到自己忽然间长大了、成熟了。

祖辈们的殷切期望，成为不断激励孙武学习兵法韬略的动力。从此，他开始在穰苴的教导下，认真攻读所有的军事典籍，从《军政》《军志》到《太公兵法》，从《老子》《论语》到诸子兵论，从《司马穰苴兵法》到孙氏家学，整日都沉浸在兵书的海洋里，不断汲取营养，丰富自己。

对战争的探求，使孙武有着自己独特的思维方法，从不囿于前人的结论，而是经常会提出自己的一些看法和见解。他敢于突破前人对战争问题的思维定势，改用一种全新的、全方位的视觉来审视战争。在这一点上，司马穰苴也心悦诚服。

有一次，叔侄二人就"逐奔不过百步，纵绥不过三舍""成列而鼓"的古训展开讨论。孙武认为，战争具有它自身得之则存、失之则亡的特殊规律，不能以前人的结论来束缚自己的手脚。为了战争的胜利，应该兵行诡道，出其不意，攻其不备，以正用兵，以奇制胜。他就像朝聘盟会上引诗言事一样，一口气列举了历史上大量正反两方面的战争经验和教训，令穰苴由衷叹服。

在穰苴在口授心传之下，天资聪颖、勤学好问的孙武很快便理解并掌握了《司马穰苴兵法》《军政》《军志》等兵书典籍中的精妙神髓，对书中的名言警句、用战韬略等，更是烂熟于心，出口成诵。

而尤令穰苴感到高兴和欣慰的是，孙武对用兵之道有着自己独特的体会和钻研，军事理论根基日渐扎实，他对战争禅机的参破程度也远远胜过自己。看着眼前这个军事理论日益成熟的族侄，穰苴心中泛起了一阵阵从未有过的欣慰。

孙武历来都被称为孙子。《孙子兵法》十三篇中，每篇都冠以"孙子曰"三个字，这可能是孙武的弟子或后学在整理此书时所加。但由此也表明，孙武在当时与孔丘一样，被人尊称为"子"。

第四章 社会动荡

其疾如风，其徐如林，侵掠如火，不动如山，难知如阴，
动如雷震。

——（春秋）孙武

（一）

光阴荏苒，一转眼孙武到了弱冠之年。按照中国古代的习俗，进
入弱冠之年的男子，亲朋好友便不能直呼其名了，所以要依据本名涵
义另立别名，称之为字。孙武与所有"弱冠而立"的同龄男子一样，
有了自己的字——长卿。

此时的孙武，随着知识的增长和阅历的丰富，也已不再是"庠
序"那个聪颖稚童，而是出落成为一位英气勃勃的青年才俊。

早在逐赛场上，孙武的名字连同他那精湛的射、御技艺，已经在
齐国人心中留下了深刻的印象；加上他良好的家学教育，更令他成为
同辈年轻人中的佼佼者。按照当时的惯例，孙武已经到了该步入仕
途、谋求功业的时候。

但是，面对已步入花甲之年的祖父，以及为自己操劳半生的父
亲，孙武的心中经常感到一种难以名状的内疚。此时的祖父，虽然已

经赋闲在家，但却不能安度晚年，齐国政坛的风云变幻，官场斗争的险恶多诈骗，令他那慈祥的面庞过早地衰老了。父亲虽然不谙武事，省去了鞍马征战之劳，但繁重的家事也令他日渐衰老。

这一切都让年轻的孙武看在眼中，痛在心头，因此，他决定暂时放弃功名，帮助父亲管理封邑，料理家事，同时陪伴晚年的祖父，以尽到人子之道。

老将军孙书理解孙武的心意，也知道自己的孙儿决不是平庸浅薄之辈。况且，当时齐国统治阶级昏庸腐败，政治形势风云变幻，给了孙武一个接触社会的机会，对他日后的发展也许更有好处。因此，孙书便同儿子孙凭商量，准备将采邑乐安暂时交给孙武管理。

这年春节刚过，孙武便迎着早春料峭的寒风，来到了孙氏家族的食采之地乐安。

乐安位于临淄城西北，那里有着平坦肥沃的土地，有着朴实勤劳的人民。早在姜太公立国之初，乐安人民便在太公"通商工之业，便鱼盐之利""通末利之道，极女工之巧"政策的感召下，垦荒造田，通商惠工，使得闭塞落后的乐安得到了前所未有的发展。

到了春秋时期，齐桓公重用管仲，对乐安进行了政治、经济改革，大力发展农业、商业和手工业，使乐安的经济、文化又得到了较快的发展。

7年前，齐景公将乐安封赐给孙氏后，工于政治的孙凭，在灾年遵循祖训，免税养民；在丰年降低汇率，让利于民，极大地鼓舞和调动了当地人民的生产积极性，使封邑乐安之内经济的繁荣同当时齐国总体衰退的景象形成了鲜明的对比。

乐安的繁荣也给孙氏家族带来了富足的生活，同时也与乐安的百姓建立起了一种特殊的亲密关系。因此，孙武在到达乐安后，受到了当地人民的普遍尊敬和爱戴。

在这里，勤劳朴实的百姓也让孙武对"人民"在社会政治生活中的地位和作用产生了感性的理解和更深刻的认识。孙武是在新兴地主阶级家庭政治氛围的烘托下长大的，重民轻神是他的世界观的核心。他还清楚地记得，少年时期祖父给他讲述的战争故事中，常常包含着"无民，孰战？"的深刻思想。虽然这些思想在孙武幼小的心灵中产生过共鸣，但真正体会其中真谛的，还是在乐安这所社会大学堂中。

因此在乐安期间，孙武经常深入农家的茅屋寒舍、行商坐贾的人群，甚至狭窄拥挤的手工作坊中。在同这些人的广泛接触中，他也真正感受到：只有那一个个黝黑的脊梁，才是支撑起国家大厦的坚定基石。

在这里，百姓注重实用、不尚空谈的资性也陶冶了孙武的情操；士、农、商、工的社会实践，又为孙武提供了将"庠序"里所学的知识转化为智能的场所。

（二）

当时，齐国是个自然科学比较发达的国家。在数学方面，齐桓公时，齐人有献上九九之术者，创立了以筹算和策算之法为内容的数学，并且被列为贵族学校的必修课程。齐人所编著的《考工记》也成为当时第一部总结了手工业制作经验的专著，充分显示了齐人工艺制作技术的先进程度。

另外，《管子》一书中也包含了大量的自然科学知识。比如在《地员》中就有关于植物生态学和土壤分类学等方面的知识；在《地数》中有关于早期矿产分布的理论；在《幼关》中还对动植物的分类进行了初步的尝试。

齐国的冶炼技术也十分发达，它也是中国历史上最早由国家提倡和组织开矿炼铁的国家。齐桓公时期，设置了铁官，同时组织大批工匠开采铁矿，制造农业和手工业工具，大大地促进了冶铁业和铸造业的发展。

在齐文化的熏陶和影响下，乐安人民形成了讲究得失、注重实用的地域文化特点，以及积极进取、奋发向上的思想品质。在他们的影响下，孙武也逐渐感受到在"庠序"里所学知识同实际应用之间的差距。于是，他开始结合实际需要，整理自己的知识储备，不断充实和丰富自己。

在这里，孙武除了系统地学习《考工记》等科学书籍外，还经常深入实际，向当地的手工业者、农民等学习实际的生活经验，以便自己能够更快地成熟起来。

在安乐生活的时间虽然不长，但孙武过得十分充实。这里的一草一木，都让他产生了依依不舍的眷恋之情。然而，有一件事却令他不得不含痛离开乐安。

一天，孙武到乐安街上散步，忽然一位老者的叫声吸引了他。他驻足望去，只见一位白发苍苍的老者，手中举着一支假足在高声叫卖：

"老叟的假足，乃泰山千年阳木雕琢而成，与真足全无两样，买一副以备不时之需吧。"

老者的声音十分凄惨，令人听了不寒而栗。孙武感到奇怪，便走上前去询问，原来这为老者来自都城临淄。他告诉孙武说：

"临淄城市井之间已经'履（鞋）贱踊（假足）贵'了，买假足的人随处可见。依老叟之见，假足的市场会在都城之外渐好。"

老者的话引起了孙武的沉思。

孙武刚来乐安时，对齐国的政治形势发展就不乐观。当时，齐国的统治者昏庸残暴，导致齐国经济凋敝，阶级矛盾激化，昔日的大国风采已经失去。而齐景公还推行苛赋重税政策，令"民参其力，二入于公而衣食其一"，以致"公聚朽蠹，而三老冻馁"；再加上齐景公好

用断足酷刑，一时间在临淄城出现了许多叫卖假足的商贩。

孙武没想到，自己离开临淄城还不到一年，临淄的形势便急转而下，甚至比自己原来预计得还要糟糕。因此，孙武决定离开乐安，返回临淄，对自己的前途从长计议。

<h1 style="text-align:center">（三）</h1>

辞别了乐安后，孙武迎着深秋的寒风霜露，直奔都城临淄。一路上的景象，又给孙武沉重的心情涂上了一层阴影。举目齐地，原野荒芜，时有饿殍出现。众百姓更是携家带口，避祸逃难。一直有着东方商业都市之称的临淄，被一种紧张的政治空气笼罩着。

早在春秋中期以后，围绕着齐国政治权力的争夺，齐国的四大贵族相互倾轧，史称"四族谋乱"。而这"四族"，指的就是代表齐国新兴势力的田、鲍、国、高四大贵族。

"四族"的兴起，是齐桓公霸世的必然结果。早年时期，齐国的国力并不强盛，当时北戎经常袭击奇境，齐国无力自卫，不得不向郑国求救。

到了齐桓公时期，他改革内政，尊王攘夷，齐国国力渐渐增强。同时，在齐国内部也迅速崛起了一大批新兴地主阶级的突出代表。

春秋初年，迎着齐桓公继位的血雨腥风首先崛起的是鲍、国、高三大家族。齐桓公是春秋"五霸"之一，是齐襄公的弟弟。在齐襄公在位期间，齐国就企图向外扩张，成就霸业。齐襄公曾经利用鲁桓公的儿子是其外甥这一亲戚关系，害死鲁桓公，压服鲁国。后又乘郑国内乱，迫使郑国臣服，取代了郑国的霸权。

齐襄公虽然不乏霸世之才，但他险恶残暴，生活腐化，最终不仅没有成就霸业，反而还招来了杀身之祸。

公元前686年，齐襄公派大夫连称、管至父二人去戍守葵丘。然而到了规定的期限，他却借故不派人去替换他们，致使二人极为不满。齐襄公有个堂弟，名叫公孙无知，也因为被降低待遇而迁怒于齐襄公。于是，三人联合齐襄公的侍妾、连称的堂妹作内应，起兵作乱。

在这场政治祸乱中，为保住性命，齐襄公的弟弟公孙小白在鲍叔牙的辅佐下，逃奔莒国，而齐襄公的另一个弟弟公子纠在管仲的辅佐下逃奔鲁国。两人都等待时机，以图东山再起。

后来，齐襄公被杀，公孙无知自立为齐国国君。然而不久后，齐国大夫雍林又刺杀了公孙无知，齐国一时群龙无首，国家政局陷入一片混乱之中。

这时，齐国的贵族国氏和高氏凭借敏锐的政治嗅觉，认为在外避乱的公子小白和公子纠之间，必然会围绕君位的争夺而展开一场厮杀。当时，国氏、高氏与公子小白交往甚密，为使公子小白顺利继位，便偷偷派人到莒国召其回国。于是，公子小白在鲍叔牙的陪同下，轻车锐卒，向齐国进发。

与此同时，在鲁国的公子纠听说无知被刺杀后，也准备回国继位。而鲁国为了争取时间，确保公子纠捷足先登，另外派管仲率领军队迅速进至莒国通往齐国的必经之路守候，以阻止公子小白回国。

当管仲率领鲁国军队赶到莒国边境时，正好遇见鲍叔牙和公子小白等一行人驱车向齐国急进。管仲情急之下，张弓搭箭，对准公子小白就射出一箭，只见公子小白大叫一声，倒于车中。

管仲听到叫声，以为公子小白已经中箭身亡，这样便再也无人与公子纠争夺君位了，于是率领队伍，慢悠悠地送公子纠回齐国。

事实上，管仲的箭只射中了公子小白的衣服，并没有伤到公子小白。公子小白为了麻痹管仲，才佯装中箭。随后，他率领队伍加快速度，日夜兼程，终于比公子纠先赶回齐国。

此时，在齐国国内，贵族国氏、高氏等早已为公子小白做好了继位的一切准备。公子小白一到临淄，便立即在诸贵族的拥立下，登上了齐国国君的位置，是为齐桓公。

齐桓公登位后，立即派军队抵抗鲁军，将鲁军打得一塌糊涂。鲁军在军事失利的情势下，被迫答应齐国的要求，就地杀掉了公子纠，囚禁管仲，将其送回齐国发落。

（四）

齐桓公本来对管仲恨之入骨，想杀掉他，报那一箭之仇。但鲍、国、高三大贵族从齐国的长远利益出发，建议齐桓公摈弃前嫌，重用管仲。鲍叔牙也极力劝诫说：

"大王应该将目光看得长远一些。如果大王只想治理好一个齐国，那么我和国氏、高氏来协助您就够了；如果大王想要称霸诸侯，那就非用管仲不可。管仲的才能尽在我之上，大王如果重用他，就一定能够帮助齐国成就一番大业。"

最终齐桓公听取了鲍叔牙和三大家族的意见，不仅赦免了管仲，还拜管仲为相。在协助齐桓公登上君位的过程中，鲍、国、高三大贵族立下了汗马功劳，因此也奠定了他们在齐国政坛上的显赫地位。

当时，齐桓公广揽人才，并逐渐将自己的雄心付诸实践，意欲称霸天下。而同时，陈国内部也爆发君位之争，孙武的先祖陈完为避祸乱，投奔齐国，改陈为田，定居齐地。从此，田、鲍、国、高四大家族与管仲共同辅佐齐桓公，改革内政，发展经济，整顿军队，成为齐国政坛上的活跃力量，并与公室保持着密切的关系。

到了春秋中期以后，随着封邑土地的充分开发，人口的繁衍日益增长，齐国的这些新兴地主贵族的势力不断强大。他们都拥有雄厚的经济基础和强大的私家军队，从而形成了一股股独立的割据力量。

与此同时，各新兴势力之间围绕着权利的争夺频频交手，终于导致了齐国历史上的"四族谋乱"。

公元前545年，田、鲍、高、栾四族共同讨伐国相庆丰。庆氏不敌，投奔吴国，四族取得胜利，并由此揭开了齐国"田鲍四族谋为乱"的序幕。

公元前532年，田氏又联合鲍氏，趁着执政的旧贵族栾氏、高氏宴饮之际，发动兵变，一举打败了栾氏和高氏。

公元前486年，国惠子、高昭子立太子荼为景孺子，而田乞、鲍牧立公子阳生为悼公，从而导致了一场夺政的内乱，最终田氏、鲍氏再获成功。

齐国的谋乱其实是春秋时期政治形势发展的必然结果。在西周的宗法分封制下，"天子建国"，即分封诸侯；"诸侯立家"，即分封卿、大夫。但是，并非每个诸侯的幼子、庶子都能"立家"，成为卿、大夫。因为在西周初年，刚刚分封不久的诸侯还要仰仗周天子的力量来巩固自己的统治，被分封的卿、大夫受到人口、土地条件的限制，还缺乏足够的经济、政治和军事实力，所以也很难马上发展成为拥有较强力量的宗族组织。

而到了春秋晚期，诸侯力量衰微，大夫开始越位专权，宗族人口日渐繁衍，在各诸侯国内形成了强大的卿、大夫的宗族组织。在这些卿、大夫的封邑内，他们自己就是国君，被称为"主"。

从宗法上来说，这些"主"就是一族的大宗；从政治上来说，他们就是封土上的国君；从军事上来说，他们是武装的统帅。他们在自己的封地上设立朝廷，讨论政事，征收赋税，训练军队；而在诸侯中则往往出将为相，掌握着诸侯国家的政治和军事实权，将诸侯的国君踩在脚下。

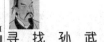

　　这些较为强大的卿、大夫代表，在鲁国有季孙、孟孙、叔孙氏；在晋国有韩、赵、魏；在齐国有田、鲍、国、高等。他们都掌握了该诸侯的军政大权，不断与公室进行夺权斗争，从而使得各诸侯国公室与异性卿大夫之间及卿大夫相互之间争权夺利的斗争逐渐成为社会政治生活的主题。

　　政治上千丝万缕的联系，也将与田、鲍、国、高四族有血缘关系的所有人都推入了政治斗争的巨大漩涡中。而孙氏家族因与田氏有血缘关系，此时也正面临着来自鲍、国、高三大贵族的威胁。从乐安返回临淄的孙武，一踏入孙府的大门，就已清楚地感觉到了这场政治斗争笼罩在孙氏家族头上的阴影。

　　孙武发现，在自己离家不到一年的时间中，这场政治斗争已经令祖父本就苍老的脸庞显得更加憔悴。而他也从祖父那一声声的叹息中，从祖父那充满焦灼的目光中，隐隐觉察出了祖父内心的深深忧虑。

第五章　去齐避乱

上兵伐谋，其次伐交，其次伐兵，其下攻城。

——（春秋）孙武

（一）

　　齐国本来是孙武理想的发展之地，祖辈已经为他在齐国铺设了一条平坦的仕途之路。加上青年时代的孙武不仅学识渊博，才华横溢，而且胸怀大志，腹藏良谋。他遵从祖辈的遗训，自幼研兵习武，发愤攻读，探索强兵之正道，寻觅济世之良药，此时已经成长为一名在齐国颇有影响力的青年才俊。因此，孙武在齐国完全可以尽展才学，驰骋发展。

　　但是，正当孙武踌躇满志，欲遂平生之愿时，齐国"四族谋乱"引起的动荡局势，以及中原形势的发展变化，如同平静夜空中的一声声惊雷，惊碎了孙武以齐国为基地发展的美梦。

　　贵族家庭的特殊身份，以及与田氏家族的血缘关系，为孙武在这场新旧势力的政治斗争及卿大夫之间尔虞我诈的权力之争中，提供了洞察上层统治集团斗争的机会，同时也锻炼了他敏锐的政治观察力。因此，在这场斗争中，孙武勇敢地站在了新兴势力的一边。

不过，面对这种复杂的政治斗争和齐国政局的急剧变化，孙武既表现出了政治上进步的一面，也表现出了行动上软弱的一面。他既支持新兴势力对旧贵族的革命，又不愿意置身于卿大夫内部长期尖锐的权力之争中。

尤其是在齐国四族长期相互抗衡的险恶斗争中，孙武清醒地看到，田氏想要与鲍氏联手，击败高氏和国氏，并将其吞灭；而国、高两族也伺机陷害田、鲍，意欲剪除异己。因此，即使置身事外的孙武，也随时有可能因与田氏的祖系关系而陷入其中，成为卿大夫权力之争的牺牲品。

就在孙武为齐国的这种政治形势发展倍感忧虑时，一场灾难性的打击第一次降临在了田氏家族的后裔司马穰苴身上。

公元前520年前后，司马穰苴为感谢齐景公的知遇之恩，将自己全部的心血都倾注在齐国的重新崛起上。然而，穰苴在事业上的成就却成为鲍、国、高三大贵族视为田氏势力的发展和壮大，因此欲杀之而后快。

为了削弱田氏家族力量，鲍、国、高三大贵族将打击穰苴作为他们行动的重大一步。为此，他们暗地向齐景公进谗言，诬陷穰苴图谋不轨。昏庸无能齐景公不问青红皂白，一道手谕，罢免了穰苴的司马之职，并将其逐出宫廷。

这一年，曾被孙武的祖父打得服服帖帖的莒国，乘齐国政局不稳之时，又屡屡侵扰齐国边境。齐景公派北郭启率兵讨伐，但北郭启指挥不力，不久齐军便大败而归，齐景公不得不御驾亲征。

一个泱泱大国，居然被一个泗上小国打得落花流水，这既是齐国的悲哀，也是军人的耻辱。而对于曾统率齐国千军万马驰骋疆场令敌人望而生畏的穰苴来说，这更是难以接受的事实。性情刚烈的穰苴观时局之多变，恨谗言之可恶，叹景公之昏聩，终因忧国忧民，精神抑郁，"发

疾而死"。

穰苴既是一代兵学巨匠，也是孙武的良师，他在孙武心中具有任何人都无法替代的重要地位。青年时代的穰苴，曾从军入伍，效命疆场，为齐国的霸业立下汗马功劳。在齐国国难当头之时，他又救国难于水火。在继承齐国兵学传统，发展军事理论过程中，穰苴也呕心沥血，为后世追论"古者司马法"留下了继承和发展的广阔空间。

然而，就是这样一位功高位显、人人仰慕的国家栋梁，竟然因与田氏沾亲便遭到另外三大贵族的陷害，招来杀身之祸，这不能不引起孙武对自己前途的深切思考。

齐国的贵族斗争，是春秋时期由诸侯争霸和兼并转向大夫专权和兼并这一特定历史的产物，也是当时中原各诸侯国内卿大夫相互间斗争的一个缩影。在这场斗争当中，贵族之间政治上的统属关系更加强烈和明显，而宗法上的血缘关系反而逐渐被淡化，"良禽择木而栖"这种新型的君臣关系开始萌芽并不断发展。

在这样一个大的社会背景下，每个人都会重新校正自己的人生坐标，孙武也不例外。经过较长时间的观察和思考，以及对中原各诸侯国未来的发展趋势进行综合权衡之后，孙武终于下定决心，离开齐国，另求发展。

（二）

在孙武萌发"择主而仕"的念头后，一个萦绕在他心头且困扰他的问题是：在狼烟四起、国无定主的离乱时代，到底该投靠哪个主人呢？

正在这时，两个后起的发展中国家正在长江下游崛起，这就是南方的吴国和越国。

吴国位于今江苏省南部，地处海滨，土地肥沃，有渔盐之利。相传这里是周太王的儿子太伯、仲雍始拓地立国，建都姑苏（今江苏省吴县市）。它早期的历史有一大段空白。在寿梦时，它与中原的晋国有着密切的联系。当时楚国亡臣申公巫臣逃到晋国，为晋国提出了联吴攻楚的战略。公元前584年，晋国派巫臣到吴国，教导吴人以射御及先进的技术，从而使吴国有力量与中原大国相互抗衡。

越国在今浙江一带，建都会稽（今浙江省绍兴东南）。公元前6世纪中叶，越国还是楚国的蜀国。楚国为了制服吴国，解除其向中原争霸的后顾之忧，遂帮助越国攻打吴国，令越国的国力迅速发展壮大起来。

吴、越的崛起及对人才的强烈需求，决定了中原人才的基本流向。为此，中原一带的人才纷纷向着南方的这两个具有发展余地的国家涌动。而开创中原人才南流先河的就是伍子胥。

伍子胥，名员，春秋末期楚国人，出身于一个世代贵族家庭。他的曾祖父伍参是楚国的宠臣，曾经协助楚庄王称霸中原。公元前597年，在晋国与楚国的争霸战争中，由于伍参提出了正确的作战方略，为楚国战胜晋国、称霸中原做出了重要贡献。

伍子胥的祖父伍举，历事康、郏、敖、灵数王，以忠直著称，是楚国的一位德高望重的名臣。

伍子胥父亲伍奢，曾任楚平王太子建的太傅，负责太子的教育工作，文化修养与德行都很出众，也是楚王身边的重臣。

有这样光荣的家世，伍子胥本人也"少好于文，长习于武，文治邦国，武治天下"，完全继承了伍氏的家学传统。由于伍氏家族历仕于楚，为楚国效忠，因此有了"伍氏三世为楚忠臣"的美誉。

然而，就在伍子胥步入仕途，准备一展抱负之时，一场政治灾难突然降临到伍氏家族头上，将伍氏家族的每一位成员都从仕途巅峰跌入万丈低谷。

当时，楚国正值平王熊居执政。熊居为人奸诈，曾依靠政变的手段，弑其兄灵王和其侄比而登上王位。执政后，熊居昏庸好色，残暴多疑。在熊居身边，有一个名叫费无极的宠臣，极善阿谀奉承，颇受平王信任，被任命为太子建的少傅，负责太子的教育管理，其职位仅次于伍奢。

由于费无极学识浅薄，太子建很不喜欢这位有名无实的老师，师生关系也颇为紧张。费无极认为，这一切都是因为伍奢挑唆，因此便经常在平王面前说太子建的坏话，以打击伍奢。

后来，费无极奉命出使秦国，为太子建选妻。他见秦国的这位女子貌若天仙，便心生奸计，决定将这名女子献给平王，一来可以离间平王父子的关系，二来又可以得宠于平王。

于是，费无极提前返回楚国，劝平王自娶了这位秦国女子，另外再为太子建择妻。平王一向好色，听了费无极的话后，竟然喜不自胜，欣然应允。从此后，费无极更加受到平王宠信，并且不久后离开太子建而专门侍奉平王，成为平王身边的大红人。

费无极自恃平王之宠，更是经常在平王面前诋毁太子建与伍奢，千方百计离间平王与太子建的关系，令平王日渐疏远太子建，并将太子建调到楚国北边的城父（今河南省平顶山市北），镇守边境。

公元前523年，费无极又无中生有，向平王诬告太子建与伍奢暗结宋、郑、晋等国，意图谋反。平王听后，勃然大怒，立即下令"囚伍奢""往杀太子"。太子建得到暗报后，连夜逃往宋国避难，而伍奢则被楚兵抓捕囚禁起来。

虽然太子建已经逃走，伍奢也被囚禁了，但费无极仍然心有顾虑，因为他知道伍奢还有两个儿子——伍尚和伍子胥，而且都贤德有才。现在，他们的父亲被囚禁了，他们必会伺机报仇。只有一网打尽，才能确保自己再无忧虑。

（三）

为了除掉伍氏一家，费无极再次向平王进谗言，称伍奢的两个儿子都是虎狼之辈，如果不及早诛杀，必将后患无穷。

平王也再次听信费无极的谗言，逼伍奢召见自己的两个儿子前来楚国国都探望父亲，准备将二人骗到都城后，斩草除根。送信的使臣见到伍尚和伍子胥两兄弟后，呈上了伍奢的亲笔信，并诈言道：

"如果你们能够前往，平王定会释你父亲的罪责，让你们父子团聚。否则，定斩不赦。"

伍尚接到父亲的书信后，信以为真，立即准备前往楚都救父。但伍子胥却一眼就看穿了平王一伙的阴谋，他对哥哥伍尚说：

"楚王召我们兄弟，并不是要释父之罪，而是唯恐我们兄弟逃脱此劫，日后为父报仇。所以，他们才以父亲为人质，诈召你我兄弟回去。只要我们一回去，我们父子三人定会全部做了他们的刀下之鬼，又如何能救父于危难呢？以我之见，不如我们投奔他国，借兵以雪父亲之耻。"

伍尚一向受仁爱、孝道的观念支配，根本听不进伍子胥的劝告，决心只身一人应召前往楚都。而伍子胥不想白白送死，决定反抗逃生。于是，伍子胥拉满弓后，对着使臣大声吼道：

"父亲有罪，为什么要累及儿子？"

使臣见伍子胥怒目而视，满弓搭箭，担心伤及自己，遂仓皇逃脱。伍子胥趁机逃离楚国，开始了艰难曲折的流亡生涯。

伍子胥逃离楚国后不久来到宋国，找到了逃亡在宋的楚太子建，得知父亲和哥哥已经被平王杀害，于是强忍悲痛，决心借兵复仇。

这一年的夏天，宋国国内爆发了"华向之乱"，贵族华亥与向宁武装劫持宋国公子，导致了宋国国君与华、向贵族之间相互厮杀。伍子胥与太子建担心祸及自身，急忙又离开宋国，逃向郑国。

在郑国，伍子胥和太子建受到了郑定公的厚待，但后来太子建暗通晋国，企图联合晋国的力量夺取郑国政权，再打回楚国。结果机密泄露，郑定公一怒之下杀掉了太子建。伍子胥害怕自己被株连问罪，又带着太子建的儿子胜连夜向吴国逃去。

一路上，伍子胥和胜历尽艰辛，好容易才到达昭关（今安徽省含山县北）。昭关是由楚到吴的必经之地，有楚国官兵的严密把守。为了顺利通过昭关，伍子胥绞尽脑汁，夜不能寝，到天亮时头发全部变白了。而正是凭借这满头的银发，伍子胥与胜才躲过了楚军的盘查，混过昭关。

但是，正当伍子胥惊魂未定，还未及上路之时，又被楚军发现，楚军随后紧追不舍。伍子胥拼命难逃，当逃至长江北岸，正准备南渡到吴国时，楚军已经追至江边。

在这万分紧急的时刻，伍子胥发现江中有一个渔夫正乘船从下方溯水而上，遂大声呼救，请求渔夫渡自己过江。善良的渔夫感觉伍子胥的确十分着急，便带着伍子胥与胜渡江而去，使伍子胥终于摆脱了楚军的追赶，踏上了吴国的土地。

在伍子胥投奔吴国的前后，伯嚭等人也先后弃楚奔吴而来；而范蠡、文种等人，则离开楚国，投奔了越国。中原人才大量向南涌动，也为孙武调整自己的人生航程提供了客观依据。因此，在伍子胥、伯嚭离楚入吴后不久，孙武也萌生了到南方去寻求发展的决心。

从内心来说，祖父孙书是希望孙武能将自己平生所学全部献给生养他的齐国的，然而近年来齐国国势急转而下，尤其是四族之间斗争不断，不免让孙书为孙武的命运担忧起来。

在田氏族人穰苴被贬出宫后，孙书就意识到，这是齐王向孙氏家族发出的一种不祥信号。自从田氏家族在齐地立足后，不论是嫡传还是

庶孽，一向都人丁兴旺，显宦满门，尤其是握有兵权的司马穰苴与熟谙军事的孙氏家族，更是已成为鲍、国、高等贵族的心腹大患。再加上穰苴不是田氏嫡传，而孙氏又脱离了田氏而另立门户，以此作为削弱田氏力量的突破口，更便于扫清外围，蚕食田氏。这种形势，早已在孙书的预料之中。

所以，在穰苴"发疾而死"之后，为避免孙武日后成为穰苴第二，孙书便开始积极为孙武谋求政治上的出路。

因此，当孙武经过慎重考虑，将自己南下的想法告诉家人时，孙府上下都为之震惊，只有老将军孙书泰然处之，似乎一切都在他意料之中。祖父对孙武的理解和支持，也更加坚定了孙武去齐南下的决心。

第六章　潜心著书

　　昔之善战者，先为不可胜，以待敌之可胜。不可胜在已，可胜在敌。故善战者，能为不可胜，不能使敌必可胜。

——（春秋）孙武

（一）

　　虽然孙书很支持孙武南下，但对于他这个年逾古稀、行将就木的人来说，孙武的离开无异于挖心掏肝，从此将打碎他四世同堂、尽享天伦之乐的美梦。因此，他内心的痛苦是可想而知的。

　　但是，中原情势急剧变化，齐国政局风雨飘摇，孙书感到，这一切不仅影响孙武今后的发展，也关系到他所寄希望于孙武"止戈为武"、造福人间夙愿的实现。因此，孙书又不得不忍痛支持孙武将人生的航向转舵向南。

　　自从孙武向家人表明自己要离开齐国南下发展后，家族上下都被震动了，有的窃窃私语，有的公开劝阻，有认为助吴国称霸是对的，也有认为辅助越国灭掉吴国才对。总之，一种生死离别的气氛笼罩着孙府，也牵动着家族中每一位成员焦躁不安的心。

　　不过，老将军孙书处事不惊，他那临危镇静的大将之风也直接影响

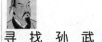

了孙府中的每一个人。很快，孙武南下的决定在家族中引起的波动就平息下来了。

这时，伍子胥、伯嚭等继续南下，他们出仕吴国的举动极大地吸引了孙武的政治目光，吴国也成为孙氏家族关注的焦点。吴国和越国虽然都是后来发展起来的国家，甚至被中原诸国称为蛮夷之邦，但吴国的源起比越国毕竟更有根可寻，这对于新兴地主阶级的代表孙氏家族来说，也有着更大的吸引力。

吴国是春秋末年在江苏南部太湖流域一带崛起的一个诸侯国。关于吴国的兴起和发展，还要追溯到周文王时期。据记载，周文王的祖父太王十分喜欢他的幼子，也就是文王的父亲季历，想传位于他。文王的伯父太伯与仲雍二人，为了让位给季历，就从关中地区逃到今江苏南部，与当地的荆蛮（居住在当时长江以南的少数民族，属于我国古代越族的一个分支）杂居在一起。

由于太伯与仲雍二人为人谦恭，又是周族的血脉，因此来到荆蛮后，深受当地人的拥戴，遂建立了吴国。

立国之初，吴国仅是一个只有千余户人家的蛮夷之邦，与周族没有任何来往。后来历经四代五王的繁衍发展，逐渐强大起来。

周武王姬发完成了灭商大业后，建立周王朝。周王朝以仁德治理天下，除了大封诸侯外，还到处寻找太伯、仲雍的后代。当得知周章已经是吴国的君主时，便正式封吴国为诸侯国。所以，吴国同中原的姬姓国家之间有着血统上的渊源。

西周时期，吴国的经济和文化都还十分落后，与中原地区的联系也很少，吴国的发展也远比中原诸国晚。

然而，正是这样的历史条件，使得吴国受到西周宗法制度的影响和约束较少，一旦时机成熟，其发展速度也远比中原诸国快得多。所以，当历史进入春秋时期后，吴国在中原先进的经济、文化影响下迅速崛起。到了春秋末期，吴国事实上已经发展成为一个政治、经济和文化都比较发达的国家了。

在发展过程中，吴国不仅积极学习中原各国先进的军事技术，增强自己的军事实力，还不断引进中原各国进步的技术，以发展自己国家的生产力，提高自身的综合国力。

在学习中原各国，积极兴修水利、发展农业的过程中，吴国还吸收了中原先进的青铜冶炼和铸造技术。当时，吴国已经可以冶炼和锻造出楚国所没有的的生产工具和战争武器了。早在吴王僚之前，吴国就有了寿梦戈、诸樊剑等。闻名后世的铸剑名匠干将、莫邪，便是出自吴国。

而且，吴国地处长江下游，还有着丰富的渔盐之利，在生产过程中，制造和使用工具、船舶的技术也冠于当世。

从耕战的实际出发，在大力发展青铜兵器的同时，吴国的青铜生产工具发展也优于中原，其所制造的镰、斧、凿、犁、锯、锄等生产工具，以及所建造的大翼、小翼、突冒、楼船等大型舰船，在农业生产和对外作战中也都发挥了积极的作用。

吴国的快速发展及所取得的令人瞩目的政绩令孙武意识到，吴地有着展现自己才华的广阔舞台，是自己理想的栖身之所。于是，他将自己的政治生命首先定位在吴国的坐标系中，最终做出了南下奔吴的决定。

大约在司马穰苴死后不久，孙武忍受着对穰苴之死的巨大悲痛，怀着对故土深深的眷恋之情，携带妻子和几位家僮，离开齐国，踏上了南下吴国、谋求发展的人生之路。

（二）

孙武经过长途跋涉，来到了吴国。这时大约是吴王僚在位的第十个年头，关于孙武奔吴的具体时间，史料上并无具体记载。但孙武"以兵法见吴王阖庐"史载是公元前512年，又根据《吴越春秋·阖庐内传》记载：

> 孙子者，名武，吴人也，善为兵法，辟（避）隐深居，世人莫知其能。

这句话表明，孙武到达吴国后的一段时间里，曾度过了一段隐居生活。因此，孙武到达吴国的时间应该在公元前517年前后，此时正值吴王僚十年。

孙武到达吴国时，吴国正围绕着君位继承问题而纷争不断，政局陷入一片动荡。为了静观其变，等待最佳时机，孙武便来到"罗浮山之东"隐居。

罗浮山位于今浙江省长兴县东12.5千米处，距当时吴国的都城姑苏约有100千米。这里景色宜人，环境幽雅，实在是一处躬耕隐居、撰著兵书的理想场所，同时又距离吴国中心不远，便于静观吴国政局的发展动态。

孙武隐居的地点与退居在野的伍子胥家宅相距很近。因此不久，孙武便幸运地与伍子胥相识了。相同的经历、相同的志向，让二人一见如故，成为知己。而与伍子胥的结识，也成为孙武在吴国政治生涯转折的关键。

在罗浮山隐居期间，孙武也为自己赢得了一段"剥脱砥砺"的时间。在这里，他潜心研究兵法，既对孙氏家学进行了总结继承，又对齐国的兵学进行了追根溯源，极大地丰富和充实了他的兵学理论。

在这种良好的环境下，孙武的创作欲望十分强烈，精言妙语如同清泉一般从笔端源源涌出，一发而不可收拾。因此，在自己已有兵学知识的基础上，孙武开始了《孙子兵法》的著述工作。

很快，孙武便写出了《孙子兵法》的初稿，记有十三篇，5000余字。在这部兵书中，孙武以解答和寻找当时社会问题的答案为目的，对当时军事领域的一系列热点问题从理论和实践的结合上作了阐发和剖析，提出了自己对各种军事问题的理性认识，观点鲜明，内容丰富，思想深邃，逻辑严谨，从而将中国古代军事理论推向了时代的巅峰。

完成了兵书的初稿之后，孙武的心情十分愉快，对自己的军事才华也更加自信。他时常以政治家和军事家特有的洞察力，关注着中原局势的发展变化，关注着吴国政治形势的基本走向，等待着施展自己伟大抱负的机遇。

公元前515年，吴国政坛上一场酝酿已久的因废嫡立庶而引起的纷争，终于以"专诸刺王僚"而画上了一个圆满的句号，也因此而揭开了吴国历史发展上新的一页。

原来，吴王寿梦有四个儿子，分别是诸樊、余祭、余眛和季札。季札文韬武略，聪慧贤达，曾代表吴国出使北方诸国，其才识胆略给各国留下了深刻的印象。

一次，季札在鲁国观看周代的礼乐。由于对周代的礼乐十分熟悉，他就引经据典地作了种种称颂和评论，结果令在场的人对这位蛮夷之邦的公子刮目相看。

季札的贤德聪慧也深受寿梦的喜爱，寿梦想立他为太子，但季札谦让不受。于是，寿梦只好立长子诸樊为太子。临终前，寿梦对自己的四个儿子说：

"以后你们要将王位传给季札，让季札当王。"

寿梦死后，诸樊继位。诸樊要将自己的王位让给季札，但季札还是坚决不受。诸樊死后，只好让余祭当王，余祭死后又传位给余眛。余眛在位三年后也死了，吴国人按照寿梦的遗言，再次想立季札为王，但季札还是不接受，吴国人只好又让余眛的儿子僚继承了王位。

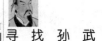

公子光是寿梦的长孙，诸樊的长子，他觉得，既然自己的叔父季札不愿意继承王位，那么这个王位自然应该由自己这个长孙来继承，根本还轮不到余昧的儿子僚来继承。为此，他对僚心存不满，伺机发动政变，夺取王位。

（三）

就在公子光积极为发动政变做准备时，伍子胥由楚国来到吴国，想借助吴国之力伐楚复仇。因此，伍子胥在来到吴国不久，就多次劝吴王僚出兵攻打楚国，但都被公子光出面阻止了。公子光称伍子胥提出伐楚建议的动机是想为自己的父兄报仇，但此刻伐楚对吴国来说是凶多吉少。

公子光的这番梗阻让伍子胥有些难堪，但他并没有沮丧泄气，因为他渐渐窥破了公子光的隐秘，那就是想通过政变恢复吴国嫡长子继位的传统。伍子胥不由暗暗思忖，只有吴国政局稳定了，自己伐楚复仇的计划才能实现。否则，吴国无休止的内讧只会令他借兵复仇的愿望付之东流。

同时，伍子胥经过一段时间的观察，发现公子光并非奸邪无能的小人，相反，他胸怀大志，有胆有识，是一个能够成就一番事业的明君。

于是，伍子胥便私下找到自己所结识的一位名叫专诸的勇士，一起去拜见公子光。公子光也素闻伍子胥之名，知道伍子胥不是凡人，所以也想利用他帮助自己夺取王位，振兴吴国。

此后，公子光对伍子胥、专诸施以厚恩，以礼相待，从此三人无话不谈，成为至交。为了麻痹吴王僚，伍子胥还暂时隐居郊外，从事农耕和读书，避免外人注意；而专诸则以厨师的身份隐居在公子光家中，专门学习烹鱼，等待时机。

据宋代谈钥的《嘉泰吴兴志》记载，在乌城县（今浙江省吴兴县以南）武林村，有一处伍子胥宅，"昔子胥逃筑室于此，旧基尚存"。如此推测，伍子胥当时的隐居之地应该就在吴都县西南百余里处，与孙武隐居的罗浮山东相毗邻。

由于缺乏史料记载，我们今天已经无法重现当年孙武与伍子胥相识订交时的具体场面了，但有一点可以肯定的是，两人都是从异国客居于此，均是血气方刚，年轻力壮，有理想，有抱负，又都研习过军事，深谙兵略，因此交谈甚欢，很快便成为莫逆之交。

伍子胥也是当时的一位杰出的军事家，韬略出众，并有军事著作传世（班固的《汉书·艺文志》中，著录有"杂家类"《伍子胥》八篇；"兵技巧家类"《伍子胥》十篇及图一卷；《越绝书》中收录有《伍子胥水战法》的少量佚文）。

在与伍子胥的交往中，孙武也领略到了楚国军事文化的风采和魅力，进一步拓展了自己的思路。尤其是楚国军事文化的权谲应变特色，使得孙武对中原军事文化中崇尚"礼乐"的传统进一步开展了反思并予以否定，从而完善了自己的军事思想体系，使之更能适应现实军事战争的迫切需要。

应该说，孙武与伍子胥两人的军事思想恰好形成了一种互补关系，相辅相成。从这个意义上来说，孙武与伍子胥的相识，十分值得在中国古代军事思想发展史上大书特书。

在与伍子胥交往过程中，孙武也渐渐觉察到，吴国政坛业已处于"山雨欲来风满楼"的前夕，一场大变故正在酝酿之中，而这不仅同伍子胥的前途休戚相关，与自己的命运也不无联系。因此，孙武与伍子胥一样，都在急切地等待着即将发生的政坛巨变。

第七章　晋见吴王

凡治众如治寡，分数是也；斗众如斗寡，形名是也。

——（春秋）孙武

（一）

公元前515年，楚平王死，楚昭王新立，吴王僚趁机派遣自己的两个弟弟掩余、烛庸将兵伐楚。然而，吴军作战不利，楚军发兵切断了吴军的退路，致使吴军一时难以脱身回国，国内兵力空虚。

公子光分析形势后，认定这正是自己夺取王位的大好时机，禁不住内心万分激动，兴奋地表示：

"此时也，弗可失也！"

随后，公子光便紧锣密鼓地开始实施自己的计划。

四月初的一天，公子光在预先埋伏好甲兵后，在客堂摆宴席宴请吴王僚。吴王僚不知是计，带着少数侍卫欣然前往。但吴王僚也素知公子光有篡位之心，为防不测，他派了大批军队，从王宫一直排列到公子光的家中，宴席上也布满了披甲持戈的武士。

宴会开始不久，公子光便假托脚痛，离席来到地下室，嘱咐躲在那里已经整装待发的专诸将一把锋利的短剑藏在煮好的鱼腹中献上，乘

机刺杀吴王僚。

专诸领命后，依计将炙鱼送上宴席。待接近吴王僚之时，专诸突然乘其不备，从鱼腹中取出短剑向吴王僚猛刺过去。吴王僚猝不及防，锋利的宝剑一下子就穿透了他的铠甲，直接透入心脏，令其当场大叫一声，气绝身亡。

公子光见专诸行刺得手，立即出动伏兵，杀掉了吴王僚的亲信和卫士，将他们悉数歼灭。随后，公子光登上国君宝座，这就是吴王阖闾。吴国从此也揭开了新的一页。

吴王阖闾是一位立志图霸、富有革新精神的君主。在即位之前，他就曾驰骋沙场，佐命立功；在即位之后，他更是积极奖励农商，发展生产，同时体恤百姓，洁身自好。

为了实现自己革新图强、争霸天下的政治抱负，吴王阖闾进行了几个方面的工作：

第一，铲除吴王僚的残余势力，先是派刺客要离刺杀了僚的儿子庆忌，随后又用军事手段除掉了逃亡在外的僚的弟弟掩余和烛庸，排除了对自己君主宝座的最大威胁，巩固了自己的地位。

第二，礼贤下士，不拘一格地招揽人才，打破了奴隶主阶级在用人、用才方面存在的狭隘的地域界限，下令召回伍子胥入宫，并加以重用。伍子胥在跻身吴国统治集团后，更是不负众望，效忠吴国，不仅辅佐吴王阖闾整顿吏治，修明法度，训练军队，加强国防，而且还为吴王网罗天下贤士。当楚国的贵族伯嚭流亡到吴国后，伍子胥便极力引荐，最终伯嚭被吴王任命为大夫。

第三，崇俭去奢，勤政爱民，励精图治。登基后，阖闾常常身体力行，勤俭治国，爱下恤民，"吴光新得国，而亲其民，视民如子，辛苦同之，将用之也"。

第四，积极兴修水利，奖励农桑，发展农业生产，以增强国力。

第五，伐谋伐交，争取与国，先西后东，各个击破。

总之，此时的吴王阖闾完全是一个积极进取的大国之君，意气风发地准备谱写自己生命中的辉煌乐章。《国语·楚语》中对其记载说：

> ……口不贪嘉味，耳不乐逸声，目不淫于色，身不怀于安，朝夕勤志，恤民之羸，闻一善若惊，得一士若尚，有过必悛，有不善必惧，是故得民，以济其志。

在众多的革新图强措施中，选贤任能、广纳人才是关键所在，因为任何事情都需要有人去做，任何理想都要靠人去实现。在当时列强逐鹿、霸权迭兴的情况下，人才的网罗和任用，更是密切地关系着国家的兴亡与霸业的兴衰，因此才普遍有"得士则昌，失士则亡"的说法。

阖闾的英明之处，就在于他登基后始终都将求贤任贤作为首要工作来实施，从而为吴国的整个称霸事业奠定了坚实的基础。

（二）

吴王阖闾见人心归附，群贤毕至，心中十分欢愉。然而，当时的吴国正值自身发展的重要关头，军事形势十分严峻，西面有强楚的威胁，南面有越国的掣肘，还要创造条件北上中原，与齐国、晋国等大国一争高下。所有的这一切，都要求有杰出的军事人才辅佐吴王，以完成吴国称霸天下的宏图大业。

阖闾举目望去，伯嚭、华元等人都偏于文事，出谋划策尚可，如果要他们号令三军、折冲销敌，却多少有些勉为其难。伍子胥虽然是个大将之才，可他与楚王之间有杀亲之仇，万一届时为报私仇而丧失理智，也会误了吴国的大事，因此也不是最理想的将帅人选。

每每想到这些，吴王阖闾都会感到惆怅。他意识到，招揽将才已成为吴国的当务之急，绝对不能再拖延了。

心有所思，形有所迹，阖闾内心的焦虑情绪，很快就在日常行为中流露出来。一天，阖闾在众位大臣的陪同下，登上高台，面对壮丽的山河，和煦的春光，不禁愁从心起，长吁短叹。周围的大臣都摸不透吴王的心思，也不敢贸然规劝，只有小心翼翼地侍候左右。

此时，唯有伍子胥多少觉察到吴王阖闾的一些内心活动。他知道，吴王所担心的就是伐楚之战一切就绪，但却缺少一位能够指挥千军万马的大将。俗话说，"千军易得，一将难求"。自己虽然也有将帅之才，但吴王却不肯委任，看来吴王对自己还是有所顾虑的。

想到这里，伍子胥便想向吴王阖闾推荐自己的好友，"善为兵法，避隐深居，世人莫知其能"的孙武。伍子胥觉得，好友孙武是一个真正可以"折冲销敌"的大将人选，也一定可以从军事上辅佐吴王，帮助吴王建立殊世伟业。

于是，伍子胥便上前奏曰：

"主公是因为担心楚国将广兵多，而吴国却无人能担任将帅吗？"

吴王阖闾十分欣慰地看了一眼伍子胥，说道：

"了解我心思的人，莫过于爱卿啊！"

伍子胥听罢，心中大喜，忙又向前迈一步，十分郑重地说道：

"臣举荐一人，可为将帅，定能保证伐楚事业大获全胜。"

阖闾一听，龙颜大悦。自从夺取君位以来，阖闾就已经开始觊觎楚国的大好河山了。可以说，西破强楚，南服弱越，挥师北伐，百事待举。而要想与中原诸侯争霸，首先就要伐楚，这也是吴国争霸诸侯的基础所在。

现在听伍子胥能够举荐伐楚的将帅，阖闾自然是求之不得，急忙问道：

"吴国真的有这样的将帅之才吗？"

伍子胥不紧不慢地回答说：

"大王贤明，求才若渴，天下共知，所以各种英才汇集，哪还会缺少将帅之才呢？"

"那么爱卿所举荐之人是谁？来自何方？现在何处？"阖闾忙又追问。

"此人来自齐国，姓孙名武，是齐国名将孙书的孙子，现在正隐居在罗浮山深处。"

"此人到底有何本领？"阖闾又问。

伍子胥朗声答道：

"大王，此人文能安邦，武能定国，堪称栋梁之才。大王若能得到此人，犹如周文王得吕尚，商汤得伊尹，齐桓公得管仲，不要说是伐楚称霸，就是平定四海，横扫九州，都可以做到！"

阖闾一听，喜出望外，但既有些怀疑，又有些遗憾地问道：

"吴国竟然有这样经天纬地的人才，寡人怎么不知道呢？"

阖闾又回答说：

"大王，孙武并非一般的凡夫俗子，他隐居山林，少有人知，以著《兵法》为业，故而大王尚不知道。"

一提到《兵法》，阖闾马上又兴奋起来，忙问阖闾道：

"是什么《兵法》？"

伍子胥侃侃而谈道：

"孙武自著《兵法》十三篇，一曰《计篇》，二曰《作战篇》，三曰《谋略篇》，四曰《形篇》，五曰《势篇》，六曰《虚实篇》，七曰《军争篇》，八曰《九变篇》，九曰《行军篇》，十曰《地形篇》，十一曰《九地篇》，十二曰《火攻篇》，十三曰《用间篇》。"

紧接着，伍子胥又具体详细地向阖闾介绍了每篇的主要思想和内容，还向阖闾背诵了其中的一些军事原则，例如，"兵者，国之大事，死生之地，存亡之道，不可不察也""知己知彼，百战不殆""昔之善战者，先为不可胜，以待敌之可胜"……

听完伍子胥的介绍，吴王阖闾赞叹不已，连连称好，恨不得立即见到孙武，与其共商伐楚大计。

（三）

吴王阖闾本人就是一位指挥过千军万马、克敌制胜的军事统帅，所以深知兵法对于战争的指导意义。但是，头脑精明的阖闾见伍子胥说起孙武其人滔滔不绝，说起孙武的兵法时更是眉飞色舞、不遗余力，警觉之心也随之而生。他暗暗想道：

"这个伍子胥果然厉害，寡人不过叹了几声气，他就能猜出我的心思，并借机向我推荐他的好友孙武。看来，他的举荐多半是为了呼朋引类，在朝中树立自己的羽翼而已。"

想到这里，阖闾的心中掠过一丝不快，刚才的兴奋也悄然间消失。他不再与伍子胥继续交谈，而是若有所思地起驾回宫了。

正在兴头上的伍子胥发现吴王阖闾的表情前后判若两人，立即便明白了阖闾的心思，吴王是对自己举荐身边的好友产生了戒心。自己的一片赤诚之心遭到误解，伍子胥的心情也有些沮丧。

但是，"心底无私天地宽"，鉴于自己对孙武的了解及对吴王事业的忠心，伍子胥还是鼓起勇气，一连七次向吴王举荐孙武，盛赞孙武文武兼备，是一位不可多得的军事人才，更是吴国伐楚的将领的最佳人选。

吴王阖闾见伍子胥如此锲而不舍地向自己举荐孙武，渐渐也生出一种好奇之心，想亲自看看能够这样获得伍子胥器重和赏识的孙武到底是个什么样的人物。吴王很清楚，伍子胥是个非同寻常之人，先不论他是否出于私心，但能够令他如此折服的人，也应该是相当不简单的。

于是，吴王终于给了伍子胥肯定的答复：

"爱卿一再举荐的孙武，出自将门之后，又著有兵法，看来的确不是凡人，寡人有意继续了解情况。如果一切如爱卿所说，寡人自当擢以不次，委以重任。现在，劳烦爱卿派人前往罗浮山请回孙武，让他暂时住在都城馆舍，并将其所著兵书送呈寡人一阅。"

伍子胥见阖闾终于答应召见孙武了，内心自然激动不已。回到府中，伍子胥立即写了一封信，差遣自己的心腹星夜驰往罗浮山孙武隐居处，邀请孙武火速出山，前来都城，共商大业。

此时的孙武，虽然隐居在罗浮山中，但始终心系中原。他将躬耕垄亩的田园生活当成自己敛翼待搏、扬帆起航之前的休整，将潜心军事理论的整理和著述视为自己生命的一体，作为远航之前的厚储，将同楚国亡臣伍子胥的交往作为跻身吴国政坛的阶梯，将密切关注中原局势的变化及将对吴国政治形势产生的影响，作为抒展抱负的历史契机，在罗浮山下度过了五年的隐居生活。

这五年里，孙武每天除了埋头于他的军事著述，完成他的十三篇兵法巨著外，同伍子胥的私交也成为他政治生命的转折点。伍子胥虽然流亡于吴国，但雄心不灭。为了伐楚复仇，他忍辱负重，处心积虑地协助吴公子光登上王位。

登上君位的公子光对伍子胥在帮助他立嫡废庶政治斗争中的表现非常满意，同时也深为他那出色的内政外交才干所折服，因此继位后便任命伍子胥为"行人"。

"行人"本来只是一种张挂朝觐聘问的官职，但伍子胥这位"行人"却与众不同，因为他同吴王阖闾在吴国的政治斗争中曾有过生死之交，虽然由于他是楚国人，阖闾对他有些顾虑，但依然十分器重他，经常与他商讨军国大事。

而跻身吴国政坛的伍子胥，为了帮助吴国网罗人才，同孙武的交往也更加密切。罗浮山下的寒舍，成了两人谈论天下大势、探讨王霸之道的论坛。

复仇心切的伍子胥虽然得到吴王的重用，但始终不见吴王提及出兵伐楚之事。近日见吴王更是少言寡语，心事重重，伍子胥内心感到很迷惑。于是有一天，伍子胥便来到罗浮山，就此事请教孙武。

（四）

伍子胥与孙武二人每次见面，都要对弈厮杀一番。伍子胥同孙武对弈，可谓棋逢敌手，将遇良才，一盘棋往往能从日出杀到日落，也未必能够决出胜负。

然而这次，伍子胥显得有些心情低落，对弈也急于求成，令他一开始就改变了平时沉稳防御的棋路，直接跳马并车，全面出击，直插对方纵深。但由于求胜心切，举措失当，反而给了孙武可乘之机。

孙武见状，便一语双关地提醒伍子胥说：

"主不可以怒而兴师，将不可以愠而致战。"

孙武是想告诉伍子胥，万事都不可操之过急，必须从长计议。

伍子胥见孙武猜透了自己的心思，也不再隐瞒，直接开门见山地请教孙武说：

"吴王已经政变成功，登上君位，现在却抑郁寡欢，迟迟不提出兵伐楚之事。以先生之见，吴王究竟担心什么呢？"

孙武一听，立刻一针见血地指出：

"他所担心的是逃奔卫国的王僚之子庆忌和王僚的同母兄弟掩余、烛庸。"

原本，在专诸刺杀吴王僚后，王僚的儿子庆忌逃到了卫国，降卫称臣，伺机报仇。而当时率兵伐楚的公子掩余、烛雍见国内政变，也无心再战，弃兵逃亡邻国避难。

孙武认为，吴王之所以在获得王位后还抑郁寡欢，内心所担心的就是王僚余党未除，自己有后顾之忧。当今之计只有迅速斩草除根，以绝后患，才能让吴王阖闾专心谋楚，以成就霸业。

伍子胥深为孙武的见解所折服，返回姑苏后，立即求见吴王，建议吴王下令徐人（公子掩余逃奔到徐）拘捕掩余，钟吾人（公子烛雍逃奔到钟吾）拘捕烛雍。

但是，徐、钟两国并未完全按照吴国的要求去做，而是将两位公子驱逐出境，以避免引祸上身。两位公子走投无路，只要投奔到吴国的世仇——楚国。

此时的楚国，正在为晋国"联吴制楚"战略的实施而忧虑，见吴国的两位公子主动来投，简直如获至宝。楚王立即派监马尹大心恭迎两位公子，并且在养（今河南省沈丘县东南）为其筑城增兵，以为屯守，同时还将养以东的城父与胡的田土赐予两位公子作为封邑，建立起了楚国对吴国作战的前哨阵地，使之成为吴国的心腹大患。

庆忌未除，现在两位公子又都投靠了楚国，这对吴王来说无异于病上加痛，焦急万分。伍子胥见状，料定伐楚定会遥遥无期，因此决定举荐孙武出山，共同协助吴王治理国家，以尽快解除内忧外患，完成破楚争霸的大业。

公元前512年，伍子胥终于说动吴王阖闾，给孙武写了一封信，召孙武前往国都。收到伍子胥的信后，孙武的心情激动万分。

经过多日的冷静观察，孙武认为，吴王阖闾是一位贤明英武的君主，也是自己可以为之效力的理想对象。现在好友来信邀请自己出山，这无疑是自己成就一番事业的大好机会，预示着自己政治生命的极大转机。

于是，孙武匆忙打点行李，带上自己的《兵法》十三篇，携带家眷随同来使上路，朝着都城姑苏的方向进发。

很快，孙武一行便来到吴国都城姑苏。老友重逢，分外亲切，在互诉别情之后，伍子胥将孙武一家安顿在官府馆舍稍事休息，自己则带着孙武所著的《兵法》十三篇简书，匆忙去吴宫觐见吴王阖闾。

见到吴王后，伍子胥向吴王通报了孙武到达的消息，并将《兵法》十三篇呈献给吴王阅览。阖闾当即便在几案上展开兵书，认真阅读起来。每看完一篇，他心中都暗自赞叹孙武思想之深刻、战术之精妙，不禁连连赞叹、啧啧称好，大有相见恨晚之感。

吴王一口气读完了《兵法》十三篇的5000余言，仍觉意犹未尽。此时，他已初步认可了伍子胥的举荐，认为这位孙武的确很不简单，或许正是自己梦寐以求的将帅之才。

可是，吴王心中还是存有一些顾虑：这兵法倒是讲得头头是道，可真的能完全适用于实战吗？而且孙武还只是个二十几岁的年轻人，他能有足够的胆魄堪当大任吗？

吴王觉得，在委任孙武以大任之前，还是应该认真考察一下他的真才实学。于是，他沉思片刻后，便吩咐伍子胥说：

"三日之后，寡人会亲自去馆舍拜见孙先生。至于其他的事情，待寡人见过孙先生之后再说吧。"

然而谁也没曾想到，三日之后，吴宫中竟然发生了教战杀姬的戏剧性一幕。

第八章　演兵斩美

备前则后寡，备后则前寡，备左则右寡，备右则左寡，无所不备，则无所不寡。

——（春秋）孙武

（一）

三天的时间很快就过去了。这一天，吴王阖闾果真践约，在朝中大臣的簇拥下，来到孙武一家下榻的馆舍会见孙武。

孙武见吴王亲自前来，急忙整衣敛容，恭迎吴王入室。宾主一番寒暄后，分别落座。阖闾仔细打量着面前这个年轻人，只见他器宇轩昂，镇静自若，显出出众的干练与成熟。阖闾心中不禁凭添了几分喜悦，于是缓缓开口道：

"先生的《兵法》十三篇寡人已经全部看过了，寡人对兵法十分喜好……"

说到这里，阖闾忽然停顿了一下，脸上闪过一丝不易察觉的微笑，又接着说：

"不过，寡人很想用兵法来做个游戏，不知道先生是否愿意呢？"

孙武听出了吴王话中的调侃意味，当即严肃指出：

"兵法之事，非同寻常，它是国家的大事，直接关系到人们的利害安危和国家的生死存亡，既不能将它作为是单纯的个人好恶，更不能以顽童嬉戏的态度去对待，必须言而有信，令出必行，行必有果，而不能言而无信，视为儿戏。如果君王您仅仅是以喜好或戏乐的目的来谈论兵法，那恕草民无法作答，请大王原谅。"

孙武的这几句话说得义正词严，掷地有声，阖闾听后，也不觉为之动容。他连忙说道：

"寡人不理解兵法的奥妙精华，还请先生惠以教我。不过您的兵法固然写得精彩动人，有理有据，但是否能够小试一下指挥队伍呢？"

孙武知道，吴王这是对自己还存有不信任的心理。现在吴王既然已经提出用兵法练兵的要求，那就正是自己用实际行动打消吴王疑惑的机会。因此，孙武朗声答道：

"当然可以，完全随君王您的意见，用什么样的人来试均无关系，不论是高贵的还是低贱的，也不论是男的还是女的，只要用兵法训练，便可以做到令行禁止，上阵杀敌……"

吴王听到这里，不免又暗暗摇头，心中想道：

"这个年轻人未免太骄妄了，从没听说可用兵法整训女子的事情，不过，他既然一言既出，就驷马难追，现在我就抓着这点，出个难题考考他。"

于是，吴王抬头望着孙武，缓缓说道：

"既然先生说得如此有把握，那么寡人倒想看看先生是如何将兵法用在女子身上的。"

孙武见吴王真的要用女子来试演兵法，不禁皱了皱眉头，觉得这位君主未免有些太任性了，所以开库提醒阖闾说：

"女子多不严肃，我担心君王您事后会后悔，是不是换其他人表演……"

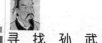

"寡人能有什么可后悔的？"阖闾打断了孙武的话，心想，这个年轻人果真是口出狂言，现在一要动真格的，就心虚了。我还非要让女子来试演，看你怎么收场！

"就这样定了吧！"吴王用不容置疑的口吻将此事敲定，随后下令去宫中挑选宫女，并与孙武约定了演练兵法的时间。

孙武见吴王主意已定，也不好多言，只好信心十足地迎接吴王给自己的这个小小挑战。

（二）

当天下午，孙武沉着冷静地来到吴宫的园囿之中，吴王阖闾已经在那里等候了。见孙武来到后，吴王当即下令，唤出已选出的180名美丽的宫女交给孙武进行操练。随后，吴王登台校阅。

孙武将这180名千娇百媚的宫女按照高低次序，分编为左右两队，给每人配发一件长长的画戟，并指定吴王的两个爱姬分别担任左右队队长。

与此同时，孙武又按照兵法规定的程序，委派自己的驾车人和陪乘者分别作为司马和司空，一起监督宫女演练，负责执行军法。

一切安排妥当后，孙武驱车向吴王报告说：

"现在已经编队完毕，请君王登台观看。"

吴王登台一看，只见眼前旌旗蔽日，车尘飞扬，武士穿甲戴盔，怒目而立；而昔日里只会扭动腰身、轻歌曼舞的宫女，此刻个个手中都拿着一把画戟，迎风站立。

这幅滑稽可笑的场面不由令吴王兴致倍增，他倒要看看，这孙武有何能耐，可以让这些手无束鸡之力的宫女成为冲锋陷阵的勇士。

孙武见吴王已经坐定，便器宇轩昂地登上指挥台，向众位宫女认真

宣讲操练的要领。他目光炯炯，朗声向宫女们发问道：

"知道你们的右手吗？"

宫女们一听，都不明白问这个问题要干什么，于是都娇滴滴地回答：

"知道。"

孙武又问：

"知道你们的左手吗？"

宫女们又都懒洋洋地回答：

"知道。"

孙武继续问：

"知道你们的心吗？"

这个问题让宫女们觉得十分可笑，世上难道还有不知道自己心的人吗？于是都拖长嗓音，回答道：

"知——道。"

孙武最后又问：

"知道你们的背吗？"

宫女们仍然不情愿地回答：

"知——道——啦！"

孙武见宫女们个个都心不在焉，不禁有些生气，但他还是按捺住自己的性子，继续宣讲下去：

"向前，是心所对着的方向；向后，是背所对着的方向；向左，是左手的方向；向右，是右手的方向。一切行动，都以鼓声为准。大家都听明白了吗？"

宫女们长期深居宫中，如囚笼中，现在忽然有这样的行为，都觉得十分好玩，因此都像幼时过家家一样，熙熙攘攘，气氛十分活跃，纷纷大笑着回答道：

"听——明——白——啦！"

孙武宣讲完毕，即命令手下扛来执法用的斧钺，将它竖立在练兵场的一侧，并反复申明军法：

"这些斧钺是用来惩办那些不遵从号令的人，所有人员必须听从统一的命令，按照规定的动作去做。凡是发令后不听从命令者，定斩不赦！"

听完孙武的话，宫女们一个个望着眼前那寒光闪闪的斧钺，似乎又感觉这种游戏不像是玩耍，活跃的气氛也稍有收敛。

一切准备就绪后，孙武便上前向吴王阖闾请示。阖闾当即表示：

"请先生开始操练……"

接到指令后，孙武登上指挥台，正式对这些宫女进行操练。随着孙武手中令旗的摆动，忽然鼓声齐鸣，命宫女们前进。宫女们第一次经历这样的场面，听到"咚咚"的鼓声，又听到孙武的指令，结果更觉得有趣好玩，一个个笑得东倒西歪，不能自持，有的向前，有的向后，有的向左，有的向右，但见整个练兵场上，摩肩擦背，头臂相撞，画戟交错，笑声迭起，顷刻乱成一团。

孙武见状，紧锁眉头，连连叹息，待喧哗声稍止，乃自责道：

"是我规定得不够明确，你们对约令不够熟悉，这是我的过错。"

说完，他又将军法军令和操练的要领仔细向宫女们交代数遍，并特意对队列的两位队长说：

"你们是'士兵'的长官，一言一行都会成为下属的楷模，所以必须带头遵守规定，模范遵从号令。"

而后，孙武亲自拿起鼓槌，击鼓法令，指挥宫女向左方前进。

可是，这些宫女依然不听从命令，个个还是大笑不止，视操练如同儿戏。就连坐在台上观看操练的吴王见了，都忍不住捧腹大笑起来。

（三）

面对眼前这种极不严肃、散漫纷乱的景象，孙武一扫先前那种和颜悦色的表情，"两目忽张，声如骏虎，发上冲冠，项旁绝缨"，将他的驾车人和陪乘者叫到近前，大声说道：

"兵法上说：'军队中不建立严格的条令规定，使其下属无所遵从的，这是将帅的罪过。既然已经建立了严格的条令规定，并且已经三令五申，其下属仍不执行的，这就是下级管理的罪过了。'兵法上还明确规定：'奖赏军中的有功人员，必须从低位卑贱者开始；而惩处军中有罪之人，又必须从身份尊贵者开始。'"

接着，孙武又回头大声问执法官：

"按照军法，军中不服从命令者该当何罪？"

"斩首！"执法官毫不犹豫地回答。

"好！依照军法，现在就将队伍中的两位队长斩首示众！"孙武斩钉截铁地下达了命令。

孙武话音刚来，执法人员立即上前，拖出担任左右队长的吴王的美姬，准备军法处置。众位宫女见事情动了真格，顿时吓得花容失色，噤若寒蝉。两位美姬被抓住后，更是吓得魂飞魄散，面如土灰。

孙武的一声令下，将台上观看演练的吴王突然从一场意犹未尽的嬉戏中惊醒了。他见孙武要斩杀他的两个美姬，才意识到这不是一场游戏。

惊骇之余，吴王再也坐不住了。他急忙召孙武上台，对他说：

"寡人已经知道将军善于用兵了。寡人没有这两位爱妃，将会食不甘味，寝不安席啊。请将军收回成命，不要斩杀她们。两位爱妃冒犯了先生，寡人在这里代她们赔罪了。"

孙武见吴王如此厚爱女子，轻视兵法，内心十分震惊。他义正词严地说：

"大王所言差矣。俗话说：'无规矩不成方圆。'圆只有符合规的要求，才能称之为圆；方只有符合矩的要求，才能称之为方。与此同时，治理军队只有符合治理军队的法规，才能治理出勇敢无畏、冲锋陷阵的军队。大王可曾听说当年犯齐的晋、燕两军闻穰苴之名而逃遁的事情吗？这就是因为穰苴能够以律治军，执法不阿，辕门斩杀庄贾而产生的一种效应。现今两位妃子之命难道比景公宠臣的命还尊贵吗？兵法云：'将在军，君命有所不受'，请恕臣下冒犯之罪。"

说完，孙武转身命令执法人员：

"开斩！"

斧钺高高举起，立即又沉沉地落下，吴王的两位美姬连哼都没来得及哼一声，便身首异处，香消玉殒了。

宫女们看到眼前这两颗血淋淋的人头，个个吓得魂飞魄散，整个训练场上鸦雀无声。待宫女们明白发生了什么事后，只见孙武重新宣布操练规定，并重新分别任命了两位队长，再一次擂响了战鼓。

正当阅兵台上的吴王阖闾忍受着痛失两位爱姬的痛苦，孙武枭首示众的恐怖还萦绕在心头时，那隆隆的战鼓声又将他重新引回了操练场上。

吴王举目望去，只见这时的宫女们仿佛个个都换了个人一样，随着孙武的鼓声而动。鼓声向左，宫女们就一齐向左；鼓声向右，宫女们就一齐向右。不论鼓声如何指令，宫女们一个个前后左右、进退回旋、跪爬滚起，没有丝毫差错，全都符合规矩。偌大的练兵场上，除了整齐的步伐和统一的动作之外，再也听不到嬉笑喧哗的声音，看不到东张西望的情景。一百多名风姿绰约的年轻宫女，俨然成了一支训练有素的钢铁队伍，孙武的操练完全达到了预期的目的。

对此，后人有诗为证：

理国无难似理兵，兵家法令贵遵行；
行刑不避君王宠，一笑刀随八阵成。

训练场上这幅生气勃勃的场景，令一心图治的吴王阖闾看得如痴如醉。他仿佛看到的是一支破楚的精锐之师，正在浩浩荡荡地开赴战场。

正当吴王看得入神时，孙武又上前禀报说：

"队伍已经训练好了，请君王前去检阅。这样的军队，君王想怎么支配都行。就是让她们去赴汤蹈火，也不成任何问题！"

一看到孙武，吴王一下子又想到了自己的两个被斩首的爱妃，顿时没了兴致，于是没好气地对孙武说：

"请先生会馆舍休息吧，寡人实在不愿意再看了。"

孙武一听，淡然一笑，说道：

"原来君王只是爱好兵法上的词句罢了，并不是想真正去施行。"

说完，孙武独自回到练兵场上，遣散了宫女，自己也乘车返回馆舍歇息去了。

这场充满戏剧色彩的吴宫教战就这样结束了。这件事本身充分显示了孙武的胆识和指挥才能，贯彻了信赏明罚、以法治军的基本精神，也申明了"将在外，君命有所不受"的指挥原则，因而被传为治军史上脍炙人口的佳话。孙武的风采，其兵法的效能，从此也显著于世。

第九章　正式拜将

夫未战而庙算胜者，得算多也；未战而庙算不胜者，得算少也。多算胜，少算不胜，而况无算乎！吾以此观之，胜负见矣。

——（春秋）孙武

（一）

在练兵场上失去两位爱姬的吴王阖闾，回到寝宫后仍然余怒未消，好几天都"不能怡悦"。他心中十分恼怒孙武做事过于顶真，毫无通融的余地，真想派人杀了孙武。

可转念又一想，孙武的确又是个难得的将才，千军易得，一将难求，自己要实现争霸天下的夙愿，就不能少了孙武这样的人才辅佐。

正当吴王为孙武的杀和留颇费心思、沉吟不决之时，伍子胥入宫来求见。

伍子胥一见吴王阖闾闷闷不乐的神态，知道阖闾还在为练兵场上发生的事而生气，于是就以温和的语调、沉着诚恳的态度向吴王进谏说：

"下臣我听说兵者凶事，不可掉以轻心，所以在治军上，军纪军法不严肃执行，就不能造就一支强大的军队。如今大王您正渴求贤明之将为己所用，希望藉此大兴王师，征伐暴楚，进而称霸天下，使众诸侯俯首归附。在这种情况之下，不起用孙武为将，还能有更合适的人选吗？那时若想远涉淮泗，征战千里，也可能只是一厢情愿而已了。"

吴王阖闾毕竟是一位英明的君主，不甘心一辈子碌碌无为。经伍子胥这样一指点，他的头脑立刻清醒了，知道孙武正是自己朝思暮想的治军之才。于是，吴王怀着对孙武将才的器重与赏识，亲自去孙武的馆舍拜见孙武。

当孙武再次见到吴王时，知道吴王已经明白了治军用战的道理。自从经历吴宫教战这番周折后，这次会面也显得郑重和严肃。吴王已经打消了对孙武治军才能的怀疑，而孙武也为吴王阖闾宽容豁达的襟怀所折服，打算衔命以报吴王的知遇之恩。

孙武首先向吴王表示了一番歉意，并申诉了当日杀姬的缘由。他说：

"令行禁止，赏罚分明，这是兵家的常法，也是治军整众的通则。用兵莫贵于威严，威行于众，严行于吏，只有三军遵纪守法，听从号令，才能克敌制胜。"

吴王本来也准备重用孙武，现在听了孙武这番话，觉得更是在理，失去爱妃的痛苦也顿觉消失。他拉着孙武的手说：

"爱卿何罪之有？吴国的振兴和霸世，还要仰仗于你。寡人现在就拜你为将军，万望爱卿不要辜负了寡人的厚望。"

孙武一听，非常高兴，忙拜谢吴王，并深有感触地说：

"难得君王能够如此深明大义。现在君王能够弃掉妇人之仁，可以说真正懂得了用兵的规律。"

从此以后，孙武正式走马上任，与伍子胥一起辅佐吴王阖闾，开始了他助吴称霸的军事生涯。

在孙武、伍子胥等人的辅佐治理下，吴国的内政、外交和军事都有了很大的起色，逐渐走上了富国强兵的道路。吴王阖闾十分倚重孙武和伍子胥，将他们视为自己的左膀右臂，经常与他们在一起谈论治国治军

的大计，议论古来帝王治国平天下的经验教训，分析当代各诸侯国政事的利弊得失。

有一次，吴王的情绪很高，就同孙武谈论起治军之道来。孙武根据自己对史实的广博了解和深刻见识，与吴王侃侃而谈，向吴王介绍了黄帝伐赤帝等历史经验，并发表了自己的看法：

"在远古时代，黄帝坐镇中央，据要津。当时四方首领作恶肆虐，为害天下，黄帝决心拯民于水火，治天下于太平。他先是与民休息，广积粮谷，赦免罪犯，在取得天时、地利、人和三方面的优势之后，才大兴义师，南伐赤帝，东伐青帝，北伐黑帝，西伐白帝，终于先后将他们击败，使得四方拥戴，天下归心。后来，商汤顺从民心，伐灭夏桀，据有九州；周武王吊民伐罪，铲除商纣，四海归一。这一帝二王，全都是既得天之道、地之利，又得民之情，才无往而不胜的，实在是后世君主所垂鉴仿效的典范啊。"

吴王阖闾听后，深以为然，从中也受到了治军平定天下的不少教益。

（二）

一天，吴王阖闾兴致勃勃地与孙武讨论起治国之道。在交谈中，他们不约而同地联系到中原霸主晋国的政事。吴王很想听听孙武的意见，于是就问道：

"晋国的大权实际上为范、中行、智、韩、魏、赵六家世卿所掌握，他们各自掌管着晋国的一块地方，相互争权夺利。依将军之见，长此以往，六卿之中谁会先败亡？哪个家族又可以强盛起来呢？"

孙武略略思考一下，然后根据自己对春秋大势的观察和对历史经验的分析，提出了自己的预测判断：

"依臣看来，六卿之中，范氏、中行氏两家会最先灭亡。"

吴王对这个预测很感兴趣，随即追问道：

"将军您是根据什么作出这样的判断呢？"

孙武从容地回答说：

"这是根据他们亩制的大小、收取租赋的多少，以及士卒的多寡、官吏的贪廉情况作出的判断。就范、中行两氏来说，他们以八十步为畹，以一百六十步为亩，在六卿之中，就数这两家的亩制最小，收取的租税却最重，高达十分抽五。公家赋敛无度，民众转死沟壑，官吏众多而又骄奢，军队庞大而又屡屡兴兵，长此以往，何以能堪？最后必然会众叛亲离，土崩瓦解。"

吴王听完孙武的分析，觉得孙武之言切中要害，甚有道理，于是对孙武更加敬佩。接着，他又问道：

"那么在范氏、中行氏败亡之后，厄运又会轮到哪家头上呢？"

孙武略一沉思，又缓缓回答说：

"根据同样的道理推论，下一个就要轮到智氏了。因为智氏的亩制只比范氏、中行氏的亩制稍大一些，以九十步为畹，以一百八十步为亩，租税同样苛重，也是十抽其五。智氏与范氏、中行氏的病根几乎完全一样：亩小，税重，公家富有，人民穷困，吏众兵多，主骄臣奢，又好大喜功，穷兵黩武，结果只能是重蹈范氏、中行氏的覆辙。"

吴王一听，兴致更浓了，他继续问道：

"那智氏灭亡后，再下一个倒霉的该是谁呢？"

孙武不慌不忙，继续沉着应对道：

"那恐怕就该轮到韩、魏两家了，这两家以一百步为畹，以二百步为亩，税率还是十分抽五，其病根依然是：亩小，税重，公家聚敛，民众贫困，官兵众多，急功近利。只是为其亩制稍大，人民负担相对较轻，所以才能多苟延残喘一段时间，亡在三家之后。"

吴王听得连连点头。不等吴王继续发问，孙武便接着论述道：

"至于赵氏家族的情况，则与上述五家不太一样。在六卿之中，赵氏的亩制最大，以一百二十步为畹，以二百四十步为亩。不仅如此，其兵数量寡少，在上者不致过分骄奢，在下者尚可温饱生存。苛政丧民，宽政得众，赵氏必然会兴旺发达，晋国的政权最终也要落入赵氏之手。"

孙武对于晋国六卿兴亡的分析论述，等于给吴王阖闾上了一堂生动的治国安民课，阖闾听后，大为触动，深受启发，口中连声称赞，并不胜感慨地说：

"看来王者的成功之道，就在于厚爱他的民众，不失民心啊！"

孙武的这一席长篇大论，凭藉山东临沂银雀山汉墓竹简中《吴问》篇的出土而重现于世，是很有价值的史料。孙武对晋国政治大势的预测分析，虽然个别之处并不完全符合日后晋国历史的发展进程，但总体来说还是基本准确的。它表明，兵圣孙武不仅长于军事上的谋略和指挥，在政治上也十分具有远见卓识和深邃的洞察力。

孙武登坛拜将不久，吴国对楚国的战略决战便逐渐摆到吴国整个国家政治生活的议事日程上来。而孙武作为吴国的将军，自然也要走到幕前，扮演起自己重要的角色。

（三）

自从吴宫教战后，吴王阖闾对孙武统兵驭众的军事才能深表佩服，经常同他讨论一些军事问题，其中讨论最多的还是越境作战的问题。

所谓越境作战，也就是超越本土的作战。为了完成破楚称霸的宏图大业，吴王阖闾恨不得将出境后军事行动中的各种问题都预先考虑清楚，以便一举获胜，称雄天下。

有一次，吴王阖闾突然问孙武道：

"如果我师出境，在敌国领土上驻扎，突然遭到敌军重兵围困，形势对我军十分不利。我军想要突围而出，则四面受阻。此时欲励士激众，拼命一搏，死里求生，将军有何良策？"

孙武回答说：

"此时，唯有'谋战'二字，方能解此兵危。"

吴王对孙武的"诡诈之兵"早有所闻，现在听孙武说出"谋战"二字，更是触动了他对越境作战的兴奋点，于是迫不及待地追问：

"谋战乃是将军用兵思想的中心内容，请将军明示寡人。"

孙武认真地说：

"兵陷重围，首先应高垒深沟，示敌以有备；三军应安静勿动，使敌莫知虚实。然后告令三军，现已身陷死境，激发全军的求生欲望。最后，杀牛焚车，倾尽军需，让士兵饱食一顿；填灶焚粮，割发弃冠，断绝士兵生还的念头；利刃坚甲，并气积力，鼓舞三军死战的士气。等到一切准备就绪，选择敌人懈怠之时，突然战鼓齐鸣，杀声震天，其势足以使敌人闻之丧胆，莫知所当。而我军则集中兵力，攻其两翼；轻兵锐卒，疾行其后，必能突围。这就是兵法上经常说的'困而不谋者穷，穷而不战者亡'的道理所在。"

吴王听罢，觉得孙武说得十分有道理，但转而反思，一个新的问题又让他感到迷惑不解了，于是又问孙武：

"如果我军围敌，而敌人欲以此法突围，我军又将如何应对呢？"

孙武回答说：

"如果敌人陷入我们军的重围之中，犹如陷入山谷险峻之地，难以逾越，这叫'穷寇'。对付这样的敌人，切忌迫之过甚，形成困兽犹斗之势，而是要隐蔽我军意图，虚留敌人一条生路。敌人求生逃遁，必然失去斗志，因而我军在半路上加以袭击，敌众必败。这就是兵法上经常说的'穷寇勿迫，围敌必阙'的道理所在。"

听完孙武的分析，吴王仿佛已经进入了硝烟弥漫的战场之上。从孙武的身上，他也看到了吴国破楚之战胜利的曙光。从此，吴王对孙武更加器重，简直是言听计从，行必躬问。

多日来，吴王都在与孙武讨论各种高深的战争理论，孙武统军御众的才能也让吴王完全沉浸在称霸中原的梦幻之中。他仿佛已经看到了各国诸侯拜倒在他的脚下，朝贺的人群会同满载贡品的车仗，从四面八方涌入吴境。

而受到吴王重用的孙武，也仿佛久旱逢雨，如鱼得水。他决心用自己的知识与才能尽心辅佐吴王，在铸就吴王霸业的历史丰碑中，实现自己的人生价值。

孙武长到8岁时，被送进"庠序"接受系统的基础知识教育。当时，"五教"、"六学"是"庠序"的主修课程。"五教"是指五种伦理道德的教育，即父义、母慈、兄友、弟恭、子孝；"六学"是指六种基本科目的学习，即礼、乐、射、御、书、数。孙武天资聪颖，对那些艰涩繁杂的"五教"及规定的文化基础课看两遍就能熟记于心。往往其他同学还在埋头苦读时，他早已记熟领会，跑到外面玩去了。有一次，老师以为他贪玩，把他叫回去准备责罚一顿。但责罚是要有理由的，老师就用刚刚学过的一段课文向孙武提问，结果孙武对答如流，老师根本找不出责罚的理由，只好作罢。久而久之，老师感觉这孩子有不同常人的天赋，将来必成大器，于是教育孙武也就更加用心。

第十章　献策吴王

　　用兵之法，十则围之，五则攻之，倍则分之，敌则能战之，少则能逃之，不若则能避之。

——（春秋）孙武

（一）

　　吴国与楚国之间，终究要有一次决战，这是孙武早在进入吴地隐居罗浮山时就已经作出的预言。此时的孙武，作为吴国的大将军，更是以其战略家的目光，时刻关注着吴楚两国的军事及政治形势的发展变化。

　　长期以来，楚国都觊觎中原，雄视北方，是一个争霸中原的强劲敌人。公元前632年，晋楚城濮一战，楚国争霸中原的企图受挫，此后便退回桐柏山、大别山以南地区，一时无力再向中原进军，而是积极调整战略，转而向南方发展。

　　公元前624年，楚穆王开始向黄河流域扩张，次年灭江国（今河南罗山西北）。公元前622年，楚国在先后灭掉六（今安徽省六安东北）、蓼（今河南省固始东北）两国后，企图向东发展，重振昔日的雄风。

但是，此时的楚国，因长期征战中原，已经弄得民穷财竭，国力日渐削弱。到了楚平王（公元前528-前516年）时期，更是政治腐败，君王昏庸，以致奸臣当道，贤士远离。沉重的赋税让百姓不堪重负，怨声载道，阶级矛盾进一步激化。

与此同时，统治集团内部也相互倾轧，内讧不断，先后逼走了伍子胥、伯嚭等人，奔赴吴国。

公元前516年，楚昭王即位后，政治更加腐败，与其蔬果蔡（今河南省新蔡）、唐（今湖北省随县西北）的关系也日渐恶化。楚国已经陷入了内交外困的境地。

吴国原本是楚国的属国。到了春秋中叶以后，随着经济的不断发展，吴国国势逐渐强大起来，因此与楚国之间的矛盾也日渐尖锐。

公元前584年，楚国大夫巫臣由楚国逃亡到晋国后，向晋景公献上"联吴制楚"之策，并"请使于吴"。

巫臣出使吴国后，帮助吴国整训军队，演练军阵，使远在东南的吴国成为楚国的侧翼威胁。而楚国为了对付吴晋联盟，也采取"联秦制晋""联越制吴"的策略。这样一来，在这些诸侯国之间，便形成了一种错综复杂的敌对与联盟关系。

在这种动乱纷纭的政治、军事形势下，吴国该何去何从，其战略发展的重点应该放在哪里，这都是摆在孙武面前亟待解决的问题。但孙武高瞻远瞩，深谋远虑，不久便向吴王阖闾交上了一份满意的答卷。

孙武认为，擒贼先擒王，只有先制服强大的楚国，才能在战略上收到"北威齐晋、南服越人"的效果，从而理清这团乱麻。在这一点上，孙武的观点与吴王阖闾是一致的。

然而，在吴国与楚国之间，自从吴王寿梦开始，双方就征战不已，长期处于战争状态。公元前584年，吴楚之间围绕淮上的战略要地州来展开了长期反复的争夺战，最后吴军取得了州来之战的胜利。

公元前570年，楚国以两万精兵伐吴，一举进占吴地鸠兹（今安徽省芜湖市东芜湖城），并推进至衡山（今浙江省湖州市南40千米），从而引发了吴楚之间的鸠兹之战，双方各有得失。

公元前560年，吴军乘楚共王病逝之际，再次进军侵袭楚国，双方在庸浦（今安徽省无为县南）展开激战，吴国大将公子党被俘，吴军战败。

公元前549年，楚国以舟师伐吴，无功而返。吴国为了报仇，号召舒鸠人叛变楚国，楚国出兵问罪，吴国出兵相救，双方又展开激战，最终吴军战败。

公元前538年，楚国以诸侯之兵攻打吴国边邑朱方，吴军则攻打楚国境城棘、栎、麻三邑以还击。

公元前536年，楚军伐徐，吴国出兵救援，战于乾溪（今安徽省亳州东南），皆无功而返。

公元前525年，吴国出兵讨伐楚国，两军在长岸又展开激战。楚军先战而胜，俘获了吴王的乘船；后来吴军又伏击楚军，乘楚军混乱之际，夺回吴王乘船，最终以楚军无获、吴军无失而告一段落。

公元前519年，吴楚之间又爆发鸡父之战，交战双方或奔或停，参差离奇，各显其能，最终还是吴国稍胜一筹，使楚军溃不成军，吴国获胜而归。

公元前518年，楚军舟师侵入吴境，受到吴军反击而败退。吴军乘胜追击，迫使楚军退回楚境。

公元前515年，吴楚之间又爆发了沙汭之战，双方都有伤亡，未分胜负。

可以说，从公元前584年到公元前515年，吴楚两国在69多年间都是以争夺淮河流域至长江北岸为重点，共发生了十余次大规模的战争。

在长期的战争中，吴国虽然也偶有小胜，但均因与楚国相比力量悬殊、人才不济而虚劳民力，这也是新继位的吴王阖闾所不甘心的。

孙武为将之后，吴王急欲完成先辈们未竟的大业，大举讨伐楚国，以成就霸业。但吴王这种急功近利的想法，却正是孙武最为担心的。俗话说，人无远虑，必有近忧。破楚之战虽然势在必行，但却需要从长计议。如果贸然进军，胜负难卜，反而会令后患无穷。

（二）

一天，吴王阖闾与孙武对弈。吴王求胜心切，第一盘开局就连续出击，却因运筹失措，被孙武各个击破，最终因兵力不济而败北。

这时，吴王显得心烦意乱，心想孙武虽然善于统兵驭众，这一点寡人虽然不如你，但论博弈，你却未必是寡人的对手。所以，第二盘一开局，吴王又全面出击，企图一举置孙武于死地，结果又被孙武声东击西，全线崩溃。

两局连败，吴王已经有些怒从心起了，但仍然忍耐着，暗下决心，一定要战胜孙武。所以第三盘时，吴王走子狠毒，招招致命。然而吴王只顾出招，不思后果，结果又因一招不慎而满盘皆输。

连续三盘，孙武都稳操胜券，令向来以善于博弈而闻名的吴王阖闾败得一塌糊涂。于是，孙武以棋喻兵，为吴王指点迷津。

孙武说：

"善弈者谋势，不善弈者谋子，势不成则子无用，这是君王的第一个失误；善谋者心静，不善谋者心躁，心不静则谋难成，这是君王的第二个失误；善驭心者制怒，不善驭心者易怒，易怒者则行不慎，这是君王的第三个失误。以微臣之见，君王的心思不在棋盘，而在于西进的战场上。"

吴王阖闾见孙武窥破了自己的内心世界，不禁暗暗佩服，遂反问孙武道：

"目前战略重点已经确定，当有所作为，将军为何还不为寡人谋议起兵之事呢？"

孙武回答说：

"微臣的《兵法》上已经说得很清楚了，'夫未战而庙算胜者，得算多矣；夫未战而庙算不胜者，得算少矣。多算胜，少算不胜，而况于无算乎？'古往今来，凡是行军作战，必须先胜于庙堂之上，方可后胜于锋刃之下。"

吴王见孙武又谈论起兵法，情绪逐渐增高，便进一步追问道：

"何为先胜于庙堂之上？"

孙武从容以对，说道：

"先胜于庙堂之上，就在于道、天、地、将、法五个方面都要先胜于敌。"

于是，孙武便以棋为兵，向吴王阖闾详细地分析了吴国和楚国双方的形势。

在政治上，孙武认为：

"楚平王无道，听信谗言，陷害忠良，使得忠义之士弃于野，奸佞之臣朋于朝。而君王您改革吏治，选贤任能，虽说士不产于吴而归之如流水。此算非君王莫属。"

在军事上，孙武认为：

"楚国是一个长期争霸中原的大国，近年来虽然锋势锐减，但目前仍然是一个具有一定实力的国家；而吴国则是一个后起的发展中国家，其发展潜力大，但尚需一个过程，且又连年疲于对楚作战，失多于获。此算君王不要也罢。"

在天时地利上，孙武认为：

"楚国兵不出境，占有本土作战的诸多有利条件；但是，吴国虽然远离本土，仍然'为客之道，深入则专，主人不克；掠于饶野，三军足食；……兵士深陷则不惧，无所往则固，深入则拘，不得已则斗。'这样一来，我军可获'不修而戒，不求而得，不约而亲，不令而行'的效果，造成诸、刿之勇，形成高山转石之势，使有限的军力发挥出最大的使用价值来。此算君王与楚王平而有之。"

而如果论将帅，孙武认为：

"楚国将领多为沽名贪财之徒，有勇无谋，寡廉鲜耻，上不能慰君，下不能服众，且相互制约，难以形成共识；而吴国上下和睦，君王有若谷之胸、求贤之举及用人之道，将有上智之谋、诚信之义、仁爱之心、勇敢之胆、威严之表。此算君王已经稳操于手。"

此时，只见孙武摆弄着棋盘上的红黑两子，平者相抵，胜者得子，败者失子，俨然两军阵前的厮杀。

最后，孙武指着棋盘上的结局说：

"吴楚双方各有胜算，在这种情况下，若贸然起兵，实非胜利之策也，望君王三思。"

孙武这番鞭辟入里的分析，给求战心切的吴王阖闾注入了一针清醒剂。急功近利的吴王望着棋盘上的残局，就像刚从一场胜负难卜的战斗中脱身的主帅一样，寻求着通往胜利的坦途。

于是，吴王挽着孙武的手，如同一个迷途知返的孩子，用一种知错必改的虔诚之心，谦逊地向孙武求教说：

"那么以将军之见，我们该如何应对呢？"

孙武果断地回答说：

"民劳，未可，待之。"

意思是说，吴王阖闾应该让吴国暂时从长期的战争环境中摆脱出来，休战养民，耐心地等待时机。同时，孙武表示，自己会与伍子胥等人一道协助吴王，从政治、经济、军事等方面对吴国进行整顿加强。

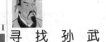

（三）

在孙武的劝诫之下，吴王阖闾终于接受了孙武的意见。随后，孙武及伍子胥等人针对"仁未施，恩未行，恐国人不就"，以及连年战争、兵疲民劳等实际情况，积极整顿吏治，施恩行惠，安抚百姓。具体方法是：恤民之羸，视民如子；惜民之力，去民之荷；暂息兵戈，节用裕民。

在经济上，针对吴国地处僻远，"仓库不设，田畴不垦"，生产技术落后于中原等情况，积极奖励农商，肯辟土地，发展生产。具体方法是：通商惠工，繁荣经济；"实仓廪"，加强储备；励民垦荒，扩大耕地；开凿胥河，兴修水利。

在军事上，"立城郭，设守备"；"选练士，习战斗"，巩固国防。

为了整军备战，孙武按照"阖闾之教"，申明军约，严肃军纪，对士卒加强教育，使其"与上同意"。

与此同时，孙武还与伍子胥等人一起，在吴国的太湖之滨开辟练兵习武的场地，展开了一场轰轰烈烈的练兵热潮。

在训练中，吴国将楚国、越国作为主要作战对象，从实战的需要出发，培养军队顽强的战斗作风，掌握骑马、射箭、驾车等各种战斗技巧，使吴军在军政素质方面得到了很大提高。

为了适应与楚军作战的特殊情况，在训练过程中，吴国还注意培养"利耻""多力"的特种部队，对这些严格挑选和训练的军队，"阖闾尝试其士于五湖之侧，皆刃加于肩，血流至地"。

经过两年多的艰苦训练，到公元前506年，吴国的军队已经十分强大，士气也更加高涨，作战技术更加全面。

与此同时，经过几年的积极改革和整顿，吴国的吏治也更加清明，"天有灾疠，亲巡寡而共其乏困"，国家与百姓之间建立起了荣辱与

共的关系。

在经济方面，各项措施的全面落实，使吴国的农业生产发生了很大的变化。几年内，国内国库充盈，百姓殷富，从而奠定了吴国图强发展的雄厚的物质基础。

在军事方面，吴国建立了城郭，完善军事守备，使国防更加巩固，并且建立和训练了一支纪律严明、装备精良、技术过硬的"王霸之师"，军事实力大为增强，基本具备了向外发展的条件。

为了使吴国能够全力与楚国争霸，孙武与伍子胥在吴国休战养民、实力不断增强的情况下，共议服越，以解除吴国破楚之战的后顾之忧。

（四）

吴国和越国是有着悠久历史的睦邻关系。长期以来，两国同风共俗，同音共律；人民崇兵尚武，同为楚国的属国，接壤相处，相安无事。

公元前544年，以楚国为首，纠集诸侯之军侵犯吴国，而越国则助楚为虐，致使吴越相恶，成为世仇。

几十年来，越国一直都奉行敌视吴国的政策，把吴国作为自己军事打击的主要目标，充当楚国东进灭吴的急先锋。只要楚国对吴国用兵，越国总是遥相呼应。

公元前510年，越国允常执政后，楚国为了联越制吴，积极扶持越国，整治库兵，发展经济，令越国的实力得到了很大发展。尤其是越国水师的发展，成为吴国西破强楚的严重后患。

吴国在阖闾继位之初，为加强国防，抵御越国的侵犯，以利于吴国的长期发展，"及阖闾立，乃徙都"，将都城由今无锡市附近迁到今苏州市。

阖闾深知此次迁都对于振兴吴国、巩固国防的重要意义，因此将此项工程交与熟谙军事的伍子胥完成，并指示伍子胥：

"筑城郭，立仓库，因地制宜。"

伍子胥受命之后，随即便按照一般的惯例，"相土尝水，象天法地"，从国家的长远发展和军事角度考虑，通过细致的考察和周密的规划，选定了城址。

为增强城郭的坚固性，决定"取利浦及黄渎土"，供筑城之用。在都城的总体设计上，考虑到军事斗争的需要，建造了大小二城。大城之内建立小城，小城也称之为王城或宫城，是吴王主持朝政的地方。整个都城都以小城为中心，突出了它的主导作用。

为了加强城垣在抗击外敌入侵过程中的堡垒作用，伍子胥还建造了三重城垣。吴国小城"其下广二丈七尺，高四丈七尺"，郭内设有姑苏台，是全城的制高点，可以鸟瞰全城，也是作战时吴军的指挥中心。

大城之内，街道繁华，陆路交错，水路纵横，"从阊门到娄门，九里七十二步，陆道广二十三步；平门到蛇门，十里七十五步，陆道广三十三步，水道广二十八步"。

这三重城垣，布局合理，构造精湛，形成了多层、立体、交叉的防御体系，对吴国的长远发展和国防巩固起到了重要作用。

在新都城竣工后，考虑到对防御的需要，吴国还在新都的西北，即今无锡市西南、阊江入太湖的河口构筑了一座城堡。城堡的东北和西南，群山环绕，形势险要，易守难攻，是防御楚国、越国的战略要塞。吴王阖闾在这里修建城堡，屯驻军队，设立武库，起到了屏障新都的作用。

此次具有战略意义的迁都，使吴国在对付楚国联盟的斗争中从战略上占据了有利地位。由于新都靠近太湖之滨的鱼米之乡，物产十分丰富，又据扼水陆交通要道，既可以北上中原，也可以西进伐楚，又可

以南下服越，从而居于进退自如的主动地位。

　　吴国迁都后，为赢得准备破楚之战的宝贵时间，取得西进的有利态势，孙武与伍子胥协助吴王阖闾，运用和谈与军事打击相结合的粗略，曾一度缓和了吴越之间的矛盾。

　　公元前510年夏，吴王阖闾为彻底制服越国，解除西进的后顾之忧，先礼后兵，企图通过和谈说服越国背叛楚国，结果遭到越国的拒绝。于是，吴国毅然出兵伐越，大败越军，迫使越国屈服。

　　此后，吴国为防止越国东山再起，全面加强了对南部的防御，坚固城池，加强防守，从而减少了越国对吴国的直接威胁。

第十一章　与楚角逐

以近待远，以佚待劳，以饱待饥。

——（春秋）孙武

（一）

　　孙武与伍子胥在协助吴王阖闾治理内政、增强自身实力的同时，还将削弱楚国的力量作为一个重要的军事策略。

　　一直以来，吴国和楚国之间虽然多次交兵，但由于吴国战略指导的失误，战事都是空耗民力，战而无功，从而未能使楚国的力量从根本上被削弱。

　　如今，楚国虽然政治腐败，奸臣当道，楚平王荒淫无度，使楚国的政局陷入风雨飘摇之中。但是，吴国与楚国的军事实力仍然相差悬殊，楚国仍不失为南方的一个军事大国，保留着一支20万人的庞大军队。这支军队"犹如飙风"，不仅擅长车攻陆战，还熟谙舟船水攻，保持着昔日"楚之为兵，天下强敌"的美誉。

　　针对以上情况，孙武与伍子胥建议吴王阖闾采取分师扰敌的政策，逐渐削弱楚国的军事力量。待其疲惫之时，再伺机与其决战，从而一举获胜。

　　对此，伍子胥向吴王分析说：

"楚国政出多门，上层意见常常发生分歧，上下离心，相互倾轧，遇到事情也互相推诿。针对这种情况，如果我军能分成三师，轮流攻击袭扰楚军，只要我军深入楚境，楚国因缺乏一个掌控全局通盘筹划的人，将领必然也会各行其是，贸然出兵迎击。这时，我军则采取敌出我归、敌归我出的作战方法，轮番与敌军周旋，楚军一定会被弄得疲于奔命，困惫不堪。这时我军再发动进攻，与敌决战，楚军一定会被打得落花流水。"

吴王阖闾采纳了伍子胥的意见，从公元前512年至公元前506年，用了长达6年的时间疲楚扰楚。

公元前512年，吴王阖闾以孙武为将，率领吴国的精锐之师，进攻徐国。

徐国是淮水下游依附于楚国的一个最强大的诸侯国，同楚国有着近百年的附庸关系，长期与吴国对抗，也是屏蔽楚国的一个最重要的淮上据点。一旦吴国溯淮西进攻楚国，徐国不仅是吴军前进大路上的一大障碍，还可以南下直接威胁吴军侧背，断掉吴军退路。

而且，原在吴王僚时期伐楚的公子掩余，因国内政变爆发，不敢返回吴国，只得投奔到徐国。徐国是楚国的属地，因此对掩余的到来自然是接纳的。公子掩余与另一位投奔到同时楚国属地钟吾国的烛雍，此后便以养为基地，积蓄力量，伺机反扑，与阖闾为敌。

为此，吴王阖闾为疲楚，首先派孙武指挥吴军在攻克楚国的属国舒（今安徽省庐江县西）和钟吾之后，便堵住雍山之水以灌徐国，一举将其歼灭，清除了吴军西进道路上的绊脚石。

徐国的国君章禹在家破国亡、走投无路的情况下，先是诈降吴军，后来找机会逃到楚国，被楚国安置在夷（今安徽省亳县东南）。章禹在那里继续筑城增兵，以阻止吴军西进。

公元前511年，吴国在灭掉徐国后，又将进攻的矛头指向了养。养是楚国经营的对吴作战的前哨阵地，由吴王僚的两个弟弟掩余和烛雍

把守，屏藩着楚国的东大门。

为了确保养地作战的胜利，孙武与伍子胥共同协助吴王，采取声东击西的策略，兵分两路，忽东忽西，牵制楚军，从而真正拉开了疲楚扰楚作战的序幕。

（二）

公元前511年，吴军的第一路兵马以讨伐逃奔在楚地的徐国国君章禹为由，先佯攻夷城，使掩余、烛雍疏于戒备，同时吸引和调动楚军。

这路军马先讨伐夷城，待将楚军注意力吸引到夷城方向之后，又忽然兵锋南移，渡过淮水，长驱250千米，侵潜（今安徽省霍山东北）伐六（今安徽省六安东北）。楚军左司马沈尹成发现吴军攻潜、六，急忙率兵救援。而吴军见楚军出动，又快速弃潜、六而走，避免与楚军进行正面交锋。

与此同时，吴国的第二路兵马也溯淮而上，昼夜兼程，直趋楚国的弦（今河南省息县南），将弦地团团围住，日夜攻城，优势楚军前来增援。

当楚军的左右司马纷纷率领楚军前来驰援，兵至豫章（今河南省商城至安徽省六安地区）一带时，吴军又主动撤围而去。

在不到一个月的时间内，吴军便采取"彼出则归，彼归则出"的战术，轮番调动楚军，将楚军弄得顾此失彼，疲于奔命，军心士气极度低落。

孙武和伍子胥见疲敌之策已经初见成效，遂抓住时机，果断率领吴军的第三路兵马，以迅雷不及掩耳之势，对养地实施了连续攻击，一举攻下养地，并擒杀了盘踞在那里的公子掩余和烛庸，初步廓清了淮水北岸楚国的势力，为日后大举讨伐楚国又扫清了一大障碍。

在荡平淮水北岸和江水南岸两股楚国用以牵制吴军西进的势力后，孙武又将目光转向了大别山以东江淮之间的豫章地区。

豫章地区是楚国长期经营的据吴西进的主要依托阵地。在豫章，楚国凭借强大的军事实力，先后灭掉了潜、六等国，将这些国家划归入楚国的版图，并作为楚邑以防吴军西进。

同时，楚国还采取打压结合的方法，迫使这一带尚存的群舒（今安徽省舒城县）、桐国（今安徽省桐城县北）依附于楚国，每年向楚国缴纳贡税，承担大量的兵役，充当楚国争霸战争当中的炮灰。群舒、桐国这些小国国小力微，对楚国的霸权政策敢怒而不敢言，但与楚国的离心倾向却日渐加剧。

在这种情势下，吴国充分利用群舒、桐国对楚国的不满情绪，运用外交谋略，首先争取到桐国，使之摆脱了楚国的控制。

同时，吴国又利用楚国对桐国的叛逆行为极其愤怒的心理，派群舒人出使楚国，以引诱楚军"怒而兴师"，然后伺机消耗楚国的有生力量。

公元前508年，群舒人按照吴国的授意，来到楚国，对楚国令尹囊瓦说：

"尽管桐国叛楚而归吴，但吴国并不十分欢迎它，他们现在最担心的就是楚国以此为借口出兵攻打吴国。听说吴国最不愿意为一个小小的桐国而再次与楚为敌了，他们说，一旦楚国因此而攻打吴国，吴国就将代楚国去讨伐叛逆，以求得楚国的原谅。"

楚国令尹囊瓦此时正由于桐国对楚国的不敬和叛变而恼火，现在听群舒人这么一说，不觉喜上心头。他认为，这是一个借刀杀人的好机会，如果现在出兵伐吴，迫使吴国攻打桐国，待其两败俱伤后，楚国再坐收渔翁之利，将其一举歼灭。

于是，囊瓦随后便大造声势，积极做着"击吴惩叛"的准备。

（三）

这年秋天，秋高气爽，正是行军作战的好季节。楚国令尹囊瓦果然率军贸然攻打吴国，进入豫章地区后，便驻扎下来，以观察吴军的行动。

孙武见楚军果然中计，立即按照预定的计划，准备在豫章地区狠狠打击楚军。为了进一步麻痹楚军，吴军派舟师迅速前往豫章南部的江水水面上，做出一副意欲讨伐桐国的姿态。

囊瓦见吴军果然如群舒人所言那样，以攻打桐国而讨好楚国，遂解甲宽带，坐观虎斗，完全放松了戒备，准备坐收渔利。

正当囊瓦沉浸在一箭双雕的美梦之中时，孙武率领吴军采取"兵者诡道，攻其不备，出其不意"的策略，指挥吴军迅速在豫章地区的巢城附近集结，隐藏企图，寻找战胜消灭楚军的机会。

天气渐渐进入初冬，囊瓦仍然率领楚军屯扎在豫章，暴师于野。但是，囊瓦既没发现吴国真正攻打桐国，也找不到与吴军正面作战的机会，很是恼火。战士们也思乡心切，致使楚军军心涣散，锐气尽失。

这时，孙武见楚军已经松懈麻痹，有机可乘，便指挥吴军主力突然抵达豫章，将楚军团团围住。

为了避免楚军作困兽之斗，孙武根据"围师必阙"的原则，采取三面攻敌，虚留一面，于追击中歼灭敌人的策略，向楚军发起猛烈的攻击。

楚军遭到吴军突然袭击，顿时被打得晕头转向，只得拼命向缺口逃窜。而吴军乘胜追击，掩杀楚军，给楚军以重创，取得了豫章一战的巨大胜利。

吴军连战皆获胜，士气高昂，斗志旺盛，遂于回归途中又一举攻克了巢城，拔除了楚国在大别山以东江淮流域的最后一座军事据点，活捉了楚国守巢的大夫公子繁。楚军丧师失地，遭到惨败。

至此，吴国基本上扫除了溯淮西进道路上的障碍，廓清了淮水中下游楚国用以钳制吴国的势力，并给予楚军以极大的消耗，从而奠定了吴国西进破楚的坚实基础。

豫章之战胜利后，吴王阖闾大喜过望，认为楚军已成惊弓之鸟，如果吴军乘胜追击，定能一举攻入楚国，攻下郢都。

对于吴王的建议，孙武和伍子胥都未置可否。吴王见状，便进

一步说：

"以前寡人欲西进伐楚，两位爱卿都告诉寡人说：'百姓疲惫，需要休养生息；庆忌、掩余、烛庸未除，需要固本除患；南越未服，需要解除后顾之忧；国防不固，需要强兵实廪。'现在，这一切都已经完成了，两位爱卿如果还不破楚入郢，何以能够成就功名呢？"

孙武见吴王阖闾求胜心切，仍有轻躁之心，便因势利导，将自己的战略思想说给吴王听。他说：

"以现在吴国和楚国的态势来看，破楚入郢正在其时。但是，兵法上说：'百战百胜非善者之善者也，不战而屈人之兵善之善者也。'以微臣之见，如今要破楚入郢，还需要打赢一场没有硝烟的战争。"

吴王阖闾见孙武又以兵法论战，便将乘胜追进的念头暂时放在一边，迫不及待地问孙武道：

"何为没有硝烟的战争呢？"

孙武从容地回答说：

"兵法上说：'上兵伐谋，其次伐交，其次伐兵。'近些年来，我们通过三师扰楚，疲敌误敌，楚军锋势已经大为减弱。但是，楚国毕竟是中原大国，久经战阵，其军事实力仍然强大。尤其是春秋以来，楚国在南方吞并的诸侯国最多，江淮之间的诸侯国也大都被楚国蚕食或控制，使之成为楚国的附庸国。尽管我军在分师扰地过程中铲除了楚国属地淮上和江淮之间的附庸小国，但整个江汉、淮泗地区仍然为楚国的属国唐、蔡所据。为了孤立楚国，我们接下来还必须充分利用楚国与其盟国之间的矛盾，联合唐、蔡等国，共同伐楚。而能不能争取到唐、蔡等国背楚向吴，就是一场没有硝烟的战争啊！"

吴王一听，深深为孙武的见解所折服。随后，吴国上下便在吴王阖闾的带领下，全力投入到同楚国争夺盟国的外交角逐中。

第十二章　联合唐蔡

　　凡战者，以正合，以奇胜。故善出奇者，无穷如天地，不
竭如山河。

——（春秋）孙武

（一）

　　唐、蔡两国位于楚国的北部，是吴国对楚国进行战略迂回的必经之
地。自古以来，"巩固东南，必争江汉；恢复中原，必得淮泗"，因
此唐、蔡两国一直都是齐、晋、楚外交争夺的重点。

　　归附楚国之后，唐、蔡两国一直都成为楚国在北方抗衡齐、晋的
屏障。同时，楚国一旦受到外敌的入侵，唐、蔡便可直接南下策应救
援，是楚国的忠实盟友。

　　但是，楚昭王继位之后，骄奢淫欲，导致楚国内政极其混乱，尤其
是"楚将囊瓦贪，而唐、蔡皆怨之"，使得楚国与唐、蔡之间的联盟
逐渐出现裂痕。

　　公元前509年，唐成公按照历年的惯例，倾尽国中之宝去朝贡楚
国。让唐成公没想到的是，当他带着两匹国中宝马"肃夷"前来楚国
朝贡时，被贪得无厌的楚国令尹囊瓦看中，非要得到其中的一匹宝马

不可。

唐成公气不过，严词拒绝了囊瓦的无理要求，因此得罪了这位令尹。囊瓦一怒之下，竟然私自将唐成公扣留在楚国长达三年，使其有家难回，有国难归，受尽凌辱。

后来，唐国世子始终不见唐成公回国，便派遣大夫公孙哲到楚国省视。公孙哲到达楚国后，知道了事情的全部经过，遂向唐成公陈明利害说：

"一匹马与国家比起来孰轻孰重？还望主公衡量利弊。事到如今，不如舍弃宝马，以求脱身，然后从长计议。"

唐成公见公孙哲劝自己将马献给囊瓦，一肚子的怒气像火山一样爆发了。他大声喝道：

"此马乃稀世之宝，寡人惜之如命，就是楚王尚且不愿给他，何况一个令尹呢！再说此人贪得无厌，仗势欺人，名为求，实为夺！寡人宁可身首异处，也决不屈从！"

公孙哲见唐成公宁死不屈，只好火速返回唐国，与唐世子及诸位卿大夫商量良策。公孙哲对诸位大夫说：

"主公不忍一马而身陷楚国，实在乃重畜而轻国，但也是事出有因。楚将囊瓦为人阴险狡诈，得寸进尺，现在又兵权在握，如果一味迁就，唐国就会沦为囊瓦的私奴。但是，唐国不可能长期无主，必须谋得一个万全之策，以救主公。"

公孙哲见世子一筹莫展，沉默无语，便私下告诉诸位大夫说：

"我等不如私盗'肃爽'献于楚国令尹，如果能换主公回国，我等虽然负有盗马之罪，也决不后悔。"

于是，公孙哲挑选了几名忠勇之士前往楚国，请求囊瓦允许他们替换跟随国君三年未归的随从。在得到囊瓦的允许后，这几位勇士按照预先的计划，设宴将看守"肃爽"宝马的御士灌醉，盗取了宝马，献

给囊瓦，换回了唐成公。

同一年，蔡昭侯也因为朝楚而蒙受奇耻大辱。当时，蔡昭侯也亲自选了两块玉佩和两件珍贵的裘服入楚纳贡，将其中的一块玉佩和一件裘服送给楚昭王。

楚昭王对蔡昭侯进献的礼物十分喜爱。为答谢蔡昭侯的一片诚心，楚昭王穿戴着这两件宝物设宴招待蔡昭侯，而蔡昭侯则穿着另一件裘服并佩戴另一块玉佩赴宴。

在宴会上，贪婪的囊瓦又被蔡昭侯送给楚昭王的两件宝贝吸引住了，居然厚着脸皮向蔡昭侯索要。蔡昭侯对囊瓦的贪欲早有耳闻，因此断然拒绝了囊瓦的要求。囊瓦恼羞成怒，又暗地里将蔡昭侯扣留了三年。

蔡国的卿大夫们听说唐成公献马后已被赦回国，也派人来到楚国，劝蔡昭侯以国事为重，暂忍其辱，将裘服和玉佩送给囊瓦，脱身回国，再商量对策对付囊瓦。

迫于无奈，蔡昭侯只得献上自己的裘服，脱身回到蔡国。

然而，蔡昭侯是一位性格刚烈的君主，被囚楚国三年所受的凌辱时刻折磨着他，让他须臾不能忘怀。这次忍辱赎身，更令他心力交瘁。在返国的途中，当舟渡汉水时，面对奔腾不息的江水，蔡昭侯愤而摘下自己随身佩戴的玉佩投入江中，以明其志。他发誓道：

"从今以后，寡人若再南渡汉水，朝贡楚国，便如同这块玉佩，葬身江中！"

回国后，蔡昭侯为雪国耻，派人四处昭告诸侯：

"天下能伐楚者，蔡国愿做先锋。"

当时，中原诸侯中能与楚国相抗衡的只有晋国。于是，蔡昭侯便以长子公子元携大夫之子为人质，前往晋国鸣冤诉屈，祈求晋国能出头，为蔡国洗刷国耻。

然而，中原诸侯之间为争取私利，彼此互相利用，又互相指责，结果令一场为蔡国雪耻的召陵（今河南省郾城）盟会演变成了一场诸侯争权的闹剧。

面对这种境况，孙武以一种战略家的目光，时刻关注着这场闹剧的发展，并等待着坐收渔利。

（二）

公元前506年，晋国诸大夫为得到蔡昭侯手中的宝物，说服周王朝的上卿刘文公出面，在召陵盟会上会见诸侯。晋、鲁、宋、卫、齐、蔡、陈、曹、许、郑、胡等共18个诸侯国参加了盟会，共同商讨为蔡昭侯伐楚雪耻之事。

然而在盟会上，晋国大夫荀寅竟公然向蔡昭侯索要宝物，遭到蔡昭侯拒绝。荀寅大怒，遂令晋国诸将范士鞅按兵不动。

而卫国的卫灵公也因在盟会上诸侯座位排次位居蔡国之后感到不满，蔡、卫两国就此翻脸，关系陷入僵局。

恰在此时，天气连降大雨，潮湿阴霾，军中疾病蔓延。各诸侯国见状，纷纷借故退兵，致使召陵盟会无果而终。

蔡昭侯见各诸侯都纷纷退兵，大失所望。在撤军路过沈国时，蔡昭侯怨恨沈国不支持其伐楚计划，派兵攻灭其国，杀其国君，以泄私愤。

这年秋天，楚国以蔡国侵扰沈国为由，出兵攻打蔡国，将蔡昭侯团团围困在新蔡（蔡国国都，今湖北省上蔡）。蔡昭侯在对中原诸国大失所望的情况下，将求援的目光转向了崛起于南方的吴国，多次派其次子公子乾携大夫之子到吴国作人质，请求吴国出兵伐楚，援助蔡国。

孙武见联合唐、蔡以讨伐楚国的时机已经成熟，遂由等待观望转为主动出击。当得知蔡国公子乾已经入吴为质后，孙武与伍子胥亲自迎

接，并以礼厚待。

同时，孙武向吴王阖闾建议说：

"蔡国长期受制于楚国，今天得以见到大王，犹如重见天日。现在其子负辱国之怨，以身为质，愿为前驱，这正是大王救蔡结盟、破楚显名的大好机会，希望大王不要再忧虑了。"

吴王采纳了孙武的建议，答应了蔡国的请求，遣使入蔡，以转达吴王伐楚的决心，并与其结成反楚联盟。为了巩固这种联盟，阖闾还同蔡昭侯联姻，将自己的女儿嫁给蔡昭侯。

与此同时，唐国的国君也因愤懑于楚国的不断侵夺勒索，主动遣使与吴国通谊修好，要求协助吴国共抗强敌楚国。

唐、蔡两国虽然是兵寡将微的小国，但位居楚国北部侧背，战略地位十分重要。如果吴国能与这两个小国结盟，就可以实施其避开楚国重兵把守的正面，进行战略大迂回，大举突袭、直捣腹心的作战计划了。

对于这一点，孙武已经看得十分清楚，并曾向吴王指出：

"大王要想伐楚，就必须得到唐国、蔡国的援助才行。"

如今，唐、蔡两国主动找上门来，吴国君臣自然是求之不得，遂立即应允，与唐、蔡两国结成伐楚联盟。这一联盟的建立，一方面孤立了楚国，另一方面也为吴军从楚军的侧背作远距离战略迂回提供了有利的条件。

联盟结成之后，吴王与孙武、伍子胥等一帮将军、谋士便开始谋划伐楚事宜。原来用作祭祀祖先的庙堂，现在既是吴王君臣谋划军机大事的重地，也成了他们的临时寝宫。几天来，这里虽然缺少昔日那种香火缭绕的神圣与肃穆，但从这些谋臣将军们脸上那种凝重的表情，隐隐可以看出这是一次非同寻常、关系重大的决策会议。

在会议上，孙武协助吴王阖闾"经之以五事，校之以计而索其情"，对吴楚两国的政治、军事、天时、地利等方面的情况都进行了

系统、透彻的分析，对吴楚战争的结局也作出了科学的预测，并定下了西进破楚的决心。

（三）

会议结束后，孙武与伍子胥又协助吴王制定了对楚国作战的具体方略。经过周密的分析，吴国破楚有三种方案可以选择：

第一，溯长江西进。

第二，出昭关（今安徽省含山县北），经潜、六实施正面进攻，中间突破。

第三，从吴国北部沿淮河西进，然后从淮河平原南下，穿过大别山，从楚国的东北方向攻其侧背，实施远距离迂回袭击。

孙武与伍子胥等人反复权衡，综合利弊，最终认为，只有"以迂为直，以患为利"，进行远距离迂回的战术，既可以乘敌人之虚出奇制胜，又可以水陆并进，加快进攻的速度。

经过仔细的谋划，吴军最终选定了后一种进军方略：先用舟师以援助蔡国为名溯淮而上，对围困蔡国的楚军造成威逼之势，借此缓解蔡国的压力。

此时，如果楚国弃蔡而归，吴军便联合蔡军、唐军，水陆并进，至楚国的黄地附近，舍弃舟楫登陆，与陆军合兵，从楚国的侧后方防御薄弱之处突入楚地，并迅速穿越大隧、冥厄、直辕三大隘口，快速突破楚军的北部防线，深入楚军的腹地，直捣楚都郢都。

如果围困蔡国的楚军没有撤退，而是继续围困，那么正好可以由蔡军与楚军周旋，在蔡国境内牵制楚军，而吴、唐两国的军队则可以乘虚而入，长驱进入郢都。

这一战略方针制定后，改变了过去吴军只能在淮上与楚军纠缠、

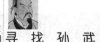
白白消耗兵力的做法，而将攻击的重心放在了楚国的政治、经济、文化中心郢都。

在具体的战略运用上，吴军在淮上只存留舟船等运载工具，主力舍弃舟船，登陆迷惑楚军，使楚军产生舍长就短的错觉，从而继续助长其轻敌思想。而千里迂回，又能让吴军出其不意，直达汉水之滨，创造攻取楚国国都郢都的有利态势。

公元前506年深秋，吴王阖闾以孙武为主将、伍子胥为副将，率领吴军精锐部队6万人，号称10万，驾驶着几百艘战船，按照预定的作战方案，由淮河乘船西进，浩浩荡荡地向蔡国方向进发了。

正在围困蔡国的楚军突然闻报：吴军发全国之兵，溯淮而进，直逼新蔡而来。主将囊瓦一时对吴军的企图弄不清楚，担心吴军乘虚进入郢都，以解蔡国之围，因此急忙收缩兵力，回防楚境，确保郢都安危。

吴军见状，立即按照预定计划，会合蔡军、唐军，经州来（今安徽省凤台）到达淮汭（今河南省黄川西北）。这时，孙武令吴军舍弃舟船，全部登陆，将战舰全部留在淮水之曲，从北向南推进。

此时，囊瓦率领的楚军正屯兵在汉水之南，日夜担心吴军会济汉水而来，忽闻吴军将舰船全部留在淮水，才如释重负，遂依汉水设防，等待援军。

而舍舟登陆的吴军，乘楚军北部边境防御薄弱之际，利用唐、蔡军队作为先导，迂回千里，如入无人之地，几乎完全出乎楚军的预料。因此，吴军也几乎没有遇到大的抵抗，就突破了楚国北部的防线，造成了威逼郢都的战略态势。

楚昭王闻知吴军已经直逼郢都，大惊失色，急忙召集群臣商议御敌之策。公子申建议说：

"令尹非大将之才，应速速令左司马沈尹戍率兵前往，拒敌于汉水以北，方能确保国都无患。"

同时，他还认为：

"吴军远道而来，后援难继，欲速战速决。我军若能依托汉水，持久防御，吴军必将自行撤退。"

楚昭王采纳了公子申的意见，急命沈尹戍率兵1.5万人北上，昼夜兼程，会同令尹囊瓦，阻敌于汉水以北，确保郢都安全。

而囊瓦率领围困蔡国的楚军，仓促回防楚境，还没来得及休整、布防，吴军已经一举突破了大别山和桐柏山之间的大隧（黄岘关）、直辕（武胜关）和冥厄（平靖关）三个隘口。

囊瓦无奈，又只好率领回师楚军进抵夏州（今湖北省武汉市汉口）以西，会同左司马沈尹戍军沿汉水南岸布防，与吴军夹汉水而阵，仓促转入防御。

（四）

多次与吴军作战的楚军，对吴国主将孙武的高超谋略和灵活战术早有领教。现在，吴、唐、蔡三国联军又突破三关，快速深入楚地，直逼郢都，楚军全军恐慌，自挫其志，士气十分低落。

楚军之中的左司马沈尹戍是一位头脑冷静、深富作战韬略的优秀军事将领。他针对吴军的作战特点，向楚军统帅囊瓦建议：

"现在吴军深入楚国境内，士气高涨，锐气正盛，力求与我军速战速决；而我军久战在外，军队疲惫，军心动摇，若仓促决战，必然于我军不利。况且，此次决战直接关系到郢都的安危、国家的存亡，不能不求得万全之策。为今之计，请令尹率领主力部队，依托汉水加强防御，阻止吴军过江，确保郢都安全；而我则轻装简行，迅速北上，征发方城（楚国长城）以外抵御晋军的全部军队，抄袭吴军后路，焚毁淮汭吴军的所有船只，然后还军扼守三关，断其后路。这时，令尹再率领大军渡过汉水，从正面迎击吴军，而我则率领方城楚军从侧面进攻，形成南北对进、前后夹击之势，陷敌军于两面作战的境地，方可大败敌军。"

沈尹戌的这个建议，不失为一个以静制动、后发制人的高明的作战方案。此时的楚军，由于对吴军的战略企图还不清楚，加上将领之间历来遇到麻烦都互相推诿，谁也不愿出头，且眼前又情势危急，所以囊瓦听完沈尹戌的提议后，觉得有道理，遂表示赞同。

随后，沈尹戌轻装简行，迅速北上，"既谋而行"；囊瓦则扼守汉水，与吴军继续对峙，等待援军。

然而沈尹戌刚走不久，囊瓦便出于贪功心理，听从了武德黑和史皇的教唆怂恿，擅自改变了自己与沈尹戌商定的作战方针，致使这一正确的作战方针半途而废，同时也让楚军陷入了万劫不复的失败境地。

楚国大夫史皇为人奸诈狡猾，平时就与沈尹戌有隙。现在见沈尹戌北上搬兵，唯恐其独揽头功，与己不利。为了一己之私，在国难当头之际，史皇竟然不顾大局，极力挑拨沈尹戌与囊瓦的关系，怂恿囊瓦改变与沈尹戌订立的计划。

他对囊瓦说：

"现在，楚国宫内由于左司马而让将军的地位出现动摇，大夫们对您都颇具微词，而对左司马愈加敬重。如果此战依照左司马的建议而行，我们再次与敌人日夜周旋，一旦吴军渡江进击，我们还是要面临与敌人血战的危险，而左司马却可以从容调动方城主力，毁敌战船，塞封隘口，待敌军疲惫之时，再南下攻打敌军，独揽其功。如此一来，将军在此的固守之劳，只不过是为他人做嫁衣啊，其结果也必然会成左司马之名，而毁将军威武之誉。假如左司马北行作战不成功，也有积极进战之名；而将军在此固守待援，却难辞消极避战之罪。万望将军三思。"

与此同时，武城大夫黑也担心沈尹戍独揽头功，影响自己在楚国的地位，遂与史皇一唱一和，极力鼓动囊瓦主动出击，速战速决。他说：

"吴军远道而来，立足未稳，利在速决。而我们现在'固守待援'，其实无异于养虎为患。一旦吴军得到休整，将会对我们更加不利。况且我军战车的车毂都是用牛皮包裹的，一旦长期依水而战，牛皮遇水发胀变形，就会令我军的战车陷入一片瘫痪；而吴军的战车则全部采用木质车毂，上面还涂有生漆，根本不怕潮湿水泡。因此，如今的上策应该是乘敌军立足未稳之机，主动出击，方能以我之长击敌之短，赢得胜利。"

囊瓦本来就没什么军事才能，且一向利欲熏心，贪得无厌，现在一听两位大夫所言，也预感到了沈尹戍对自己的威胁，于是拔剑而起，"怒而兴师"，擅自改变了既定的作战计划，采取冒进速战的做法，企图渡过汉水，同吴军决战。

吴王阖闾、孙武见楚军主动出击，正中下怀。于是，孙武与伍子胥一起协助吴王阖闾导演了一场"五战入郢"的战争活剧。

第十三章　攻下郢都

战势不过奇正，奇正之变，不可胜穷也。

——（春秋）孙武

（一）

见囊瓦率领楚军渡水而来，孙武大喜过望，遂根据囊瓦好大喜功、急于求成的心理，决定进一步诱敌、误敌，正确在有利的形势和有利的地形上同敌人决战，一获得最大的胜利。

孙武首先指挥吴军陈兵小别（山名。在今湖北省汉川东南），摆出一副要与楚军决战的姿态。然而当楚军赶来，吴、楚刚一交手，孙武又马上指挥吴军佯装撤退，而且一路士兵都丢盔卸甲，旗靡形乱。

囊瓦一见，果然中计，以为吴军竟然如此不堪一击，心中暗笑沈尹戍胆小畏敌，同时还庆幸自己得此天赐良机，因此恨不得一战而胜，功成名就，遂率领楚军全力追击。

孙武见楚军上当，便从容指挥吴军与楚军若即若离，诱使楚军沿着北部的崇山峻岭，穿山越谷，涉水渡河，疲于奔命，一直追到大别山西麓的柏举地区。

楚军在追击过程中，"自小别至于大别"，虽然与吴军三次交手，

103

但吴军都是一触即溃，只撤不战，使得楚军欲罢不能，欲战无果。

此时的楚军丝毫没有占到什么便宜，疲病减员有增无减，由此也造成军心士气渐渐低落，部队疲惫不堪。

囊瓦望着眼前这些疲病交加、心力俱衰的楚军，才渐渐发现自己中了孙武的诱敌之计，感到自己擅自出击，责任重大，后果不堪设想，因此就想指挥退兵逃跑。

然而，造成楚军目前的被动局势，大夫史皇有着不可推卸的责任。如果囊瓦率领楚军逃跑了，那么史皇就成了替罪的羔羊。所以，史皇仍极力规劝囊瓦与吴军背水一战，以求得一线生机。他说：

"大丈夫处世，应该救国难于一旦，分君忧于万一。如今国家正处于危难之际，而将军却要弃军而逃，难道有哪个国家敢收留您吗？如今只有与吴军决一死战，方能减轻将军指挥失误之罪。"

囊瓦受到史皇一顿指责，虽然心有不服，但也没办法，只好再次准备与吴军在柏举展开决战，以图能保住自己的性命。

柏举，位于今湖北省麻城东北，因柏子山与源出龟峰山的举水而得名。柏举靠近直辕，便于吴军实施后方补给，所以是一个进可攻、退可守的战略要地。吴军到达柏举后，便立即摆兵布阵，设立营垒，与追击而来的楚军形成决战前的对峙状态。

十一月十九日，正当吴王阖闾对是否同楚军在柏举进行决战而犹豫不决时，其弟夫概再三请求出战。他说：

"自从吴军退兵诱敌以来，楚军已经被拖得精疲力竭，不堪一击；加上令尹囊瓦素来贪得无厌，薄情寡义，为政不爱民，治军不恤兵，已经民心尽失，军心动摇，所以现在正是击溃楚军的最佳时机。只要我军抢先发起进攻，击溃囊瓦军的主力，楚军必然望风而逃。然后，我军趁胜追击，直下郢都，大功可成。请大王当机立断！"

夫概是吴王阖闾的同母兄弟，自由聪颖，精通用兵之道，曾经跟随

阖闾多次转战疆场，屡立战功。阖闾继位后，夫概虽贵为王室之胄，但却不安于现状，常有觊觎王权之心，对此，阖闾也有所顾虑。

因此，当夫概主动请求率兵出击时，阖闾没有马上答应，这让夫概感到十分不满。他对阖闾说：

"孙将军在兵法中说，统军作战，临机决策，必须以国家的根本利益为重，做到'进不求名，退不避罪'。如果今天能以我违抗君命之罪，换取破楚入郢之功，也是值得的。"

说完，夫概凭藉自己的一腔热血，率领自己所部的5000余众，向囊瓦军发起了猛烈的攻击。

孙武见夫概部已经率先出击，只好令经过自己严格训练的敢死步兵500人和特种快速步兵3000人为先锋，增援夫概部，同时建议吴王指挥吴军主力随后策应。

此时的楚军，也正如夫概所说的那样，军心涣散，防御松懈。当夫概率领5000名精兵突然袭来时，楚军行不成列，战不成阵，一片混乱，只有招架之功，没有还手之力。

正在此时，孙武派出的精锐部队仿佛从天而降，杀入敌阵，顿时让楚军阵形大乱，四处奔逃，溃不成军。令尹囊瓦在吴军的沉重打击下，已经吓得失魂落魄，急忙令楚将控制部队，收拢残卒，与吴军死战。

可惜已经来不及了，吴军的后续主力正乘势掩杀而来，将楚军团团围住。经过激烈的厮杀，吴军斩杀了楚国大夫史皇，活捉了几名楚国将领。囊瓦见大势已去，遂弃残军于不顾，仓皇逃奔郑国。吴军取得了柏举决战的巨大胜利，从而奠定了破楚入郢的基础。

（二）

楚军在柏举战败后，群龙无首，残兵败将迅速向郢都溃退。而吴军

105

则乘胜追击，不给楚军以喘息的机会。

溃败的楚军如同山倾水覆一般，蜂拥向西逃去，而随后追击的吴军以排山倒海之势，紧追不舍。为摆脱吴军的追击，楚军马不停蹄，人不歇脚，仓皇奔波150千米，来到柏举西南的清发水（今湖北省安陆县的涢水）。

清发水是长江的支流，由北向南，在夏州汇入长江。此时，水深流急的清发水就像一条巨龙一样，横亘南北，挡住了楚军的退路。到达清发水前的楚军，为了逃命，争相抢渡，互不相让。就在楚军仓皇抢渡之际，吴军已经追到了岸边。

吴王阖闾看着眼前一片混乱的楚军，便准备命令吴军发起进攻，痛击楚军，但深谙兵法的夫概却阻止了吴王。他说：

"现在对楚军来说，渡河是他们渴求的唯一生机。如果我们此时发起进攻，等于彻底摧毁了他们求生的希望，迫使他们作'困兽之斗'。一只绝望的野兽尚且要作最后的拼死相搏，何况现在的楚军是手握兵柄的人呢？孙将军的兵法上说：'客绝水而来，勿迎之于水内，令半济而击之，利。'因此，当今之计，应该缓攻纵敌，使先渡水者幸免于难，使后渡水者慕而争渡，从而坚定楚军渡河求生的信心，解除他们再战的斗志。如果楚军未及渡河的一门心思抢渡，正在渡河的唯恐前功尽弃，已经过河的只顾逃命，这样的楚军就变成了互不相救的几部分。这时我们再发起进攻，必能大获全胜。"

吴王阖闾觉得夫概说得很有道理，遂采纳了夫概的作战策略。

随后，追到岸边的吴军不但没有马上攻击楚军，孙武反而协助吴王阖闾指挥吴军后退一步，纵敌抢渡，等待发起攻击的最佳时机。

这时，正在抢渡的楚军发现吴军不但没有打来，反而撤后观望，更加争先恐后地渡水，意欲逃命，致使整个部队就像一群脱缰的野马一样，彻底失去了控制。

就在楚军渡到一半之时，孙武忽然指挥吴军前进，奋力追杀楚军。楚军见状，奋力逃脱，根本没有还击之力，结果入水者溺水而亡，未来得及下水者便作了吴军的刀下鬼。只有一部分先期渡河的疲兵残卒，向郢都方向舍命而逃。

这部分先期逃脱的楚军一口气逃到了雍澨（今湖北京山县内），已经精疲力竭。楚军自从柏举兵败之后，在吴军的紧追之下，已经连续奔波250千米，此时已饥疲交迫。郢都虽然已尽在咫尺，但也有心无力了。于是，这部分暂时逃脱的楚军见吴军没有追来，便停下来埋锅做饭，准备稍事休息后再撤回郢都。

然而，吴军在清发水案痛击楚军后，却并没有就此罢休，而是继续乘胜追击。就在先期逃脱的楚军正解甲宽带，准备吃饭时，吴军如同从天而降。此时的楚军已如惊弓之鸟，闻吴军追来，立即一哄而散，弃食逃命。

吴军饱餐了楚军准备好的食物后，更是如虎添翼，又见郢都已翘首可望，精神更加振奋，士气高涨。

自从入楚作战以来，吴军攻城掠地，连战皆捷。虽然也难免征战之劳，但因入郢在即，千秋功成，不免沉浸在征服者的愉悦之中。

但就在吴军准备向郢都进发时，楚国左司马沈尹戌所率领的方城以外楚军南下的滚滚车尘，将胜利在望的吴军又拖入了一场残酷的决战之中。

（三）

在柏举决战爆发之前，按照"既谋而行"的左司马沈尹戌轻装简行，昼夜兼程，赶到方城以外，征调对晋作战的楚军主力，准备率其南下，与囊瓦所部夹击吴军。

沈尹戍在调到援军后，迅速率其直奔淮汭，准备捣毁吴军停泊在淮汭的所有战船。然而还未到淮汭，沈尹戍就得到了囊瓦军擅自出击的消息，知道楚军此番出击定会凶多吉少。一旦囊瓦作战失利，就等于向吴军敞开了楚国的北大门；而郢都王室的警卫部队兵力薄弱，战斗力不强，很难抵御强大的吴军。

因此，沈尹戍放弃了入郢作战的计划，率领主力部队掉头南下，驰援郢城，确保首都安危。然而当沈尹戍赶到雍澨时，囊瓦军的残部已被吴军歼灭，沈尹戍只得率领自己的援军，全力对抗吴军。

而遭遇沈尹戍部的吴军，也暂时放弃了攻入郢都的计划，迎击南下的沈尹戍部。一场吴楚之间的生死决战已势所难免。

这一次决战，对于吴楚双方来说，都是具有深远意义的一战。对楚军而言，这是挽救国家灭亡的唯一机会，一旦战败，就将导致国破家亡；而对于吴军而言，现在已经深入楚国纵深，远离本土，后援不继，一旦决战失利，道遥难返，就将困守死地。

面对雍澨地区三面环水、东临援敌的险恶形势，吴国内部在与楚国的决战问题上产生了分歧。曾长期追随吴王阖闾转战南北的吴国将军们越来越感到，吴国为了楚国亡臣伍子胥的一己之私，兴师千里，实在是得不偿失，于国于家都无利益，因此力劝吴王班师回朝，以解国家远征劳师之患。

但是，一心要称霸中原的吴王阖闾却对破楚之战充满信心。他十分清楚：只有西破强楚，才能令南方的越国屈从，从而解除吴国北上称霸的后顾之忧，并从战略上掌握争霸中原的主动权。更何况现在郢都已经唾手可得，班师回朝是无论如何都不行的。

吴国将领见吴王没有班师回朝之意，遂俯就斧钺，以死进谏，准备迫使吴王接受回师的建议。吴王担心此举引起内部哗变，动摇军心，便请教将军孙武。

孙武给吴王分析了眼前所面临的形势，然后说：

"兵法上说的'死地则战'，就是现在这种情况。如今我军兵临死地，战则可死里逃生。如果班师撤军，便等于给敌人以起死回生之机，置自己于被动挨打之位。"

孙武的建议更加坚定了吴王阖闾与楚军决战的信心。因此，吴王以其弟夫概为先锋，准备迎击楚军。

楚军在沈尹戍的带领下，分数路向吴军发起进攻。刚开始时，楚军进展比较顺利，很快就击破了吴军的先头部队。然而正当楚军准备乘势扩大战果时，吴军主力已经感到，孙武指挥优势的吴军迅速将楚军包围起来，并向楚军发动猛烈攻击。双方你争我夺，连续三战，战斗异常惨烈，双方也各有伤亡。

最终，沈尹戍虽然率领楚军拼死奋战，但终因吴强楚弱，力量悬殊，独木难支。沈尹戍回天无力，见大势已去，郢都难保，决心以身殉国，免受战败之辱。于是，他令手下忠勇将士吴句卑割下自己的首级，回报楚王，以求楚王早图良策。

吴句卑遵照沈尹戍之令，砍下其头颅，只身突围，向郢都逃去。兵陷重围的楚军，历经数战后，已经是十有九伤，现在见主将殉国，遂各自逃命，一时间溃不成军。孙武指挥诸部，乘势掩杀，大获全胜。

（四）

楚将吴句卑突破重围后，只身逃回郢都，向楚昭王详细地汇报了前方的战况及兵败原由。楚昭王闻报大惊失色，痛悔自己当初用人不当，但事已至此，只好硬着头皮再次召集诸位大夫商量抗敌之策。

大夫子西建议道：

"吴军深入我国境内，粮饷不继，难以持久。为今之计，应组织城中壮丁，尽散宫中粟帛，激励将士，利用郢城、麦城、纪南城三城互为犄角的有利形势，固守待援，然后派人向诸侯乞师救楚。"

在这危急关头，楚昭王已经六神无主，没有什么更好的御敌办法了，只好听从子西的建议，组织守城。他命大将斗巢率兵5000人助守麦城，以防吴军从北路攻入；命大将宋木率兵5000人助守南城，以防吴军从西路进攻；命大夫子西、鍼尹固引一万精兵，固守郢都。

自从柏举之战胜利后，吴军又在雍澨大败沈尹戌军，全歼楚军主力，此时三军士气高昂，斗志旺盛。吴王阖闾遥望郢都，喜形于色，遂召集诸将，商量攻打郢都之事。

事实上，从柏举决战之后，如何攻城就已经成为孙武和伍子胥感到头痛的问题。在冷兵器时代，城防坚固，但攻城器械却十分简陋，因此攻城也会劳师费时，难以获胜。这点孙武已经考虑过了。而伍子胥从小就在郢都长大，对郢都的城防也十分了解，自然也预感到攻打郢都会是一场恶战。

于是，伍子胥首先向吴王阖闾进言道：

"楚军虽然战败，但郢都城却设防坚固，且三城互为犄角，易守难攻，不可轻敌。如今，最好的方法就是乘其设防尚未完备，以迅雷不及掩耳之势，分兵三路，一路攻打麦城，一路攻打纪南城，一路直捣郢城，造成敌人顾此失彼，让三城之间失去联系。如果先攻下麦城和纪南城，那么郢城就会不攻自破。"

孙武对伍子胥的提议十分赞赏，因此建议吴王采纳伍子胥之计，让伍子胥同公子山率兵精兵一万，在蔡国军队的协助下攻打麦城；自己同夫概率领精兵一万，在唐国军队的协助下，攻打纪南城；而吴王则与伯嚭率领主力部队，进攻郢都。孙武还再三强调，攻打郢都一定要智取，不能强攻。

分兵完毕后，孙武同夫概率军来到纪南城下。只见纪南城地势地下，北有漳水，西有赤湖，湖水直通城内。孙武先投入少量兵力，佯装攻城，但连续三鼓后，便鸣金收兵，撤退到赤湖以北驻扎下来，同时下令部队分班作业，昼夜不停，加高赤湖湖堤，引漳水入湖。

夫概不知孙武这样做的用意，孙武解释说：

"上兵伐谋，其次伐交，其次伐兵，其下攻城。攻城之法为不得已。现在敌军据守坚城，如果我们强攻，杀士三分之一而城不拔，将会造成攻城之灾。兵法云：'以水佐攻者明，以火佐攻者强。'纪南城地势地下，赤湖水直通城内，现在我假借漳水之力，借赤湖之道，以水佐攻，不正是明智的方法吗？"

夫概、唐成公听完孙武的谋略，十分赞赏，随后立即督率部队全力开凿河道。不久，一条宽约11米、深约3.33米的引水河道便崛成了，汹涌的漳水沿河道涌入赤湖，令赤湖的水位迅速暴涨。

十一月二十六日拂晓，天气阴冷，漫天风沙，守城的楚军都蜷缩在城垣下避风寒。这时，孙武下令吴军决堤放水，只见水借风力，风乘水势，瞬间便令纪南城变成了一座水城。

纪南城的守将宋木起初还以为只是河道涨水，不以为然，后来才知道是吴军以水攻城，大惊失色，慌忙准备退守郢城。

此时，孙武已经指挥着吴军砍竹造筏，乘筏攻城。楚军见状，方寸大乱，结果丢盔卸甲，各自拼命逃生。纪南城顷刻间便被吴军攻破。

（五）

在孙武攻取纪南城的同时，伍子胥也率领部队来到麦城城下。为了诱敌出城，伍子胥令每一位士兵都准备一布袋的土和一捆柴草，在麦城的东西堆土筑城，须臾而就。

此时，镇守麦城的楚将斗巢不知是计，率领守城的楚军准备先攻取东城，企图乘吴军立足未稳的情况下，将其歼灭。

斗巢率军出城后，直奔东城，只见城头上旌旗蔽日，铎声不断，吴军依托临时构筑的城防工事顽强据守，使得斗巢的军队从日出攻到日暮，也未能攻下东城。

就在斗巢连攻东城不下之时，西城的蔡昭侯按照伍子胥之计，已经率领蔡国的军队轻而易举地攻取了麦城。

斗巢攻不下东城，只好下令撤军回城。可当斗巢返回麦城城下时，只见城门紧闭，城头上已经插满了蔡军的旗帜，才知道大事不好，麦城已经被攻破了。

斗巢丢了麦城，只得下令向郢都撤退。就在这时，伍子胥已经率领东城的吴军追杀过来。楚军一见吴军汹涌而来，立刻乱了方寸，无心再战。

此时，麦城内的蔡军也杀了出来，与吴军前后夹击楚军，最终全歼楚军，守取麦城。

守卫郢都的楚军闻报麦城、纪南城双双失守，不禁大惊失色，全无斗志，整个城内一片混乱。大夫鍼尹固为进一步整饬军纪，提高楚军御敌的勇气，准备以"火象"助阵破敌。他征集来一批大象，在每只大象的尾巴上绑上浸过膏油的苇草，准备等吴军兵临郢城时，以火象冲敌营阵，造成敌人混乱，然后寻机破敌。

吴军到达郢城时，正准备全力进攻，忽然听到城内鼓声齐鸣，喊声震耳。不久，城门大开，一群尾巴着火的大象从城门奔出，直奔吴军冲来。这群大象虽然未经训练，但当尾巴着火，加上鼓声、喊声大作时，弄不清缘由，一见城门大开，便蜂拥而出。

奔出城门的大象由于被火烧到了屁股，疼痛难忍，便向城外的吴军横冲直撞过来。吴军见状，顿时大乱，纷纷四散逃命。来不及逃脱的，就被大象踩死踩伤了。吴军进攻的锋势暂时受到了遏制。

　　然而令楚军未想到的是，就在他们全力抗击吴军时，胆小昏庸的楚昭王居然置全城军民于不顾，于十一月二十八日凌晨携带家眷和少数臣子，出西门向云中方向逃去。

　　郢城中的守军刚刚建立起一点斗志，结果一听到楚昭王出逃的消息后，顷刻瓦解，一哄而散。当日，孙武与伍子胥率领吴军主力，未经大战，便占领了郢都城。

　　从公元前506年九月出征，到十一月二十八日占领郢都，吴军历经两个多月的破楚之战，终于以郢都的最后沦陷而宣告结束。至此，吴军也获得了辉煌的胜利。

　　吴国破楚的战役，是春秋晚期规模最大、时间最长的一次战役，同时也是史书记载中兵圣孙武亲自指挥并参加的唯一一次战役。在这次战争中，吴军在孙武、吴王阖闾和伍子胥等人的指挥下，灵活机动，因敌用兵，以迂回奔袭、后退疲敌、寻机决战、深远追击等战法，一举战胜长期称霸中原的泱泱楚国，给楚国以十分沉重的打击，从而在很大程度上改变了春秋晚期的整个战略格局，为吴国的进一步崛起，进而争霸中原奠定了坚实的基础。

　　而在这次战争中，身为将军的孙武更是巧于运筹，精于战阵，充分展现出其高超的军事才能。

《孙子兵法》又称《孙子》《孙武兵法》及《吴孙子兵法》，是中国古代的著名兵书。一般认为，《孙子兵法》成书于专诸刺吴王僚之后至阖闾三年孙武见吴王之间，也即公元前515年至公元前512年，全书为十三篇，是孙武初次拜见吴王阖闾时，赠送给吴王的见面礼。事见司马迁的《史记》："孙子武者，齐人也，以兵法见吴王阖闾。阖闾曰：子之十三篇吾尽观之矣"。

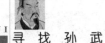

第十四章　楚秦联盟

敌近而静者，恃其险也；远而挑战者，欲人之进也。

——（春秋）孙武

（一）

公元前506年十一月二十八日，吴军占领楚国国都郢城。历经千难万险的吴军在迎来胜利以后，上上下下都为胜利所陶醉，也都想尽情享受一下。因此，在战后对待楚国的政策上，吴国君臣开始丧失理智，甚至为所欲为，完全忽视了楚国的潜在力量，也忽视了逃亡在外的楚昭王一班人马。

首先，吴王阖闾在闯入楚宫之后，立即下令捣毁楚国的宗庙，将宗庙中陈设的楚国国君历代积攒下来的珍宝抢劫一空，搬不走的东西就统统砸毁。楚国的国家重器"九龙之钟"就是因为拿不走，结果被吴军砸毁了。士兵们还纵火焚烧了楚国的重要粮库"高府"。

吴王阖闾为了满足自己的私欲，也为了羞辱楚国君臣，竟然下令"以班处宫"，使得"君舍于君室，大夫舍于大夫室"，让吴国的君臣大夫按照地位尊卑顺序分别住进楚国君臣大夫及未逃亡的妻妾的家室中，尽情享乐。

伍子胥更是复仇心切。他本想生擒楚昭王，来个"父债子偿"，没想到楚昭王逃跑了。伍子胥的满腔仇恨无处发泄，就径直奔往楚平王的坟墓，掘出楚平王的尸体，鞭尸三百，甚至"左足践腹，右手挟目"，大骂楚平王，以泄愤恨。

吴国君臣上上下下的这些行为，孙武都看在眼中，也痛在心上。他并非为楚国感到惋惜，而是为吴国的前途担忧。吴国大肆纵暴的丑恶行径，已经激起了楚国民众的极大愤慨，他们纷纷出逃，去追随楚昭王，或者"携幼扶老而随之，乃相率而为致勇之寇，皆方命奋臂而为之斗，当此之时，无将卒以行列之，各致其死，却吴军，复楚地"。楚国百姓同仇敌忾，一致对外，强烈反抗吴军的暴行，决心将吴军逐出国土。

严峻的形势让孙武坐不住了，他立即向吴王直言相谏：

"古人云：'兵以义动，方可出师有名。'昔日楚平王内任谗贪奸佞之臣，诬陷忠义贤良之士，妻其子妻，废嫡立庶，造成国政混乱，上下离心，从而导致大王所率义师入郢。现在郢都已破，大王宜召太子建之子立为楚军，使之主持宗庙，以替代昭王。楚人爱怜太子建无辜，必会相安无事，遵奉新君，而胜怀吴德，世代贡献不绝。大王名为赦楚，实为得楚啊。如此，则名实俱全矣。"

然而，吴王阖闾及其军事统帅们根本听不进孙武的逆耳之言。尤其是利令智昏的吴王阖闾，贪于灭楚，一意孤行，怂恿下属和军队烧杀抢掠，无所不为，从而导致了对部队的肆意放纵，在一系列重大的问题处理上，都采取了过激的行为。

吴军的暴行，也给自己的"国际"形象带来了严重的损害，其狂热的复仇之举引起了诸侯的反感。一些诸侯国家开始同情楚国的遭遇，向吴国施以政治、军事等方面的压力，最终为出逃在外的楚国君主借兵复国创造了条件。

（二）

楚昭王逃走后，惶惶如漏网之鱼，失履而走，一直逃到古代云梦泽才停下来歇息。

不幸的是，在云梦泽，楚昭王又遇到了盗匪，险些丢了命，幸而随从王孙舍命相救，才使楚昭王幸免于难。楚昭王遭此劫难，吓得魂不附体，仓皇之中已经不知所去，调头向东北方向的郧邑逃奔而去。

楚昭王一行逃到郧城（今湖北省陆安，古郧国的国都。郧国原本是一个小国，后被楚所灭）后，镇守郧城的邑公斗辛以臣子之礼善待昭王，然而斗辛的弟弟斗怀却不以为然，执意要杀掉楚昭王，以解昔日失国之痛。

为了平息兄弟之间的争执，同时更是为了保住楚昭王的性命，郧公斗辛亲自护送楚昭王离开郧国，前往随国安身。

随国是楚国北部的泗上小侯，长期以来都臣服于楚国，与楚国有着政治上的依附关系。因此，楚昭王到达随国后，受到了随君的热情款待。但是，栖身随国的楚昭王并没有忘记失国之痛，立即召令溃散各地的楚军陆续向随国集结，以图东山再起。

吴国在得知楚昭王逃到随国的消息后，立即派遣使赶到随国，请求随国国君将楚昭王交给吴国处理。吴国使臣以吴国阖闾的口吻对随国君臣说：

"我们两国本来都是姬姓，同是周王室的子民。楚国残暴昏庸，将咱们汉阳一带的姬姓国家都吞灭了，贵国也深受其害。现在，上天垂示天意，要惩罚楚国，而贵国却又藏匿了他们，周王室难道有什么地方对不起你们吗？如果贵国国君要想报答周王室的话，就将此延及寡人，以完成天意，这是贵君的恩惠。汉水以北的土地，尽归贵国享有。"

听了吴国使臣的话，随国感到很为难，因为这时楚国君臣在随宫北边，吴国人在随宫的南边，随国国君就处于中间，不知道该如何应付才好。

这时，楚昭王的哥哥子期见情况紧急，担心随国国君将逃奔而来的楚国君臣全部交出去，便自告奋勇地对楚昭王说：

"事情已经很紧急了，不能犹豫再三。我长得很像您，就让我穿上您的衣服，顶替您让随国交出去吧！"

说完，子期换上楚昭王的衣服，出去找随国国君去了。

随国虽然惧怕吴国，但听闻吴国在楚国的暴行后，也不想轻易将楚昭王交出去，于是便决定占卜，看看吉凶再说。一占卜发现是凶卦，随国便决定冒犯一下吴国，因此就辞谢吴国的使臣说：

"随国是个偏僻狭小的国家，又紧挨着强大的楚国。这些年来，楚国确实保护了我们。随国与楚国世代都有盟誓，到今天也没有改变过。如果有了危难就抛弃他们，将来用这种态度恐怕也不能事奉贵国的君王！我们所担心的，并不是楚王一个人，而是整个楚国的人民。如果贵国能让楚国境内安定下来，能够让楚国人民都拥戴贵国，献上楚王一个人也是不在话下的事。"

吴国使臣被随国君臣说得哑口无言，只得空手返回吴国复命。

楚昭王对随国君臣保全自己的行为感激不尽。为了巩固与随国的关系，楚昭王将子期的胸膛割破，用他的鲜血与随国订立盟约，决定以后以随国为据点，建立共同抗御吴国的联盟。

（三）

为了进一步扩大抗吴联盟，洗刷国耻，楚昭王将复国的希望寄托在了秦国。秦国与楚国有着血亲关系，自从楚平王娶秦哀公的妹妹为妻后，秦哀公便成了楚昭王的舅舅。于是，楚昭王就派大夫申包胥出使秦国，向秦国乞师救楚。

申包胥原来是伍子胥最好的朋友。伍子胥在逃离楚国前，曾在申包胥面前发誓说自己非要倾覆楚国不可。虽然两人是知己，但涉及到国家利益时，申包胥也丝毫不让步。他说：

"你要是能倾覆楚国，我也一定能复兴楚国。"

两人就这样分手了。

如今，为了让支离破碎的楚国再次复兴起来，申包胥决定践其前言，乞求秦国之师，救楚兴国。

申包胥辞别楚昭王后，星夜兼程，赶赴秦国。到达秦国后，他向秦哀公进言说：

"吴国贪得无厌，就像野猪与长蛇一样，一再吞食上国，楚国是首当其冲。如今，寡君失守国家，逃奔在荒郊草莽之中，特意派遣下臣前来告急说：'吴国是夷狄之邦，贪欲无穷无尽，如果让他们灭了我国，就等于与贵国相邻了，那么祸患可就是边境的祸患了。如果能趁着吴国还没在楚国站稳脚跟之际，出兵攻打他们的话，贵国便可与吴国平分楚地。如果楚国就此灭亡，就等于贵国丧失了土地；如果靠贵国的保佑，能够安抚楚国，楚国将世世代代事奉君王您。'"

秦哀公听完申包胥的话，并没有马上表态。他很清楚，要复兴一个楚国这么大的国家，并非一时半时之事，必须要从长计议才行，因此就安慰申包胥说：

"寡人对你们的处境非常了解，请先生暂时回馆舍歇息，等寡人朝议后再给先生明确的答复。"

申包胥心急如焚，心想救兵如救火，再拖延下去恐怕对楚国更加不利，因此就站在秦庭之上不肯离去，坚定地说：

"如今寡君正待在杂草荒野之中，尚没有得到安身之地，我做臣子的哪敢去歇息啊！"

说完，他就站在秦国的朝堂之上，依靠着庭墙哭了起来。这哭声哀婉凄苦，日夜不决，一连哭了七日，滴水未进。到最后，申包胥的眼泪都哭干了。

秦哀公终于被申包胥的忠烈之心所打动，他无限感慨地说：

"楚国有这样的贤臣，吴国还敢凌辱楚国；寡人朝廷上没有像这样的贤臣，如果不及早图吴，今后也必会为吴国所害。"

于是，秦哀公赋《无衣》诗以明志：

"岂曰无衣，与子同袍。王于兴师，修我戈矛，与子同仇。岂曰无衣，与子同裳。王于兴师，修我甲兵，与子偕行。"

申包胥见秦哀公答应出兵救楚，万分感激，连连向秦哀公叩头致谢，然后才起身坐下来，与秦国君臣商议有关出兵事宜。

公元前505年六月，秦国发兵四万，兵车500辆，在将军子蒲、子虎的率领下，东出武关，向楚地进发。

第十五章　破楚返吴

知可以战与不可以战者，胜。

——（春秋）孙武

（一）

　　吴军入郢之后，暴行连连，越来越引起楚国人民的不满和愤恨，百姓要求复国的呼声也不断高涨，并纷纷拿起武器投入到战斗之中。

　　溃散于各地的楚军，也纷纷聚集起来，以图东山再起。雍澨之战后，左司马沈尹戌之子沈诸梁等将帅之后，也都纷纷收拢残部，在得知楚君的下落后，随即向随国进发；郢都失陷后，逃到卑泄（今湖北省江陵县）的楚国大夫子西，伪装成楚王的仪仗，号召楚人，聚集军队，也率领收拢的楚军赶到随国。

　　但是，这些溃散的楚军以前虽有复郢雪耻之志，却苦于力不从心，常常望郢兴叹；现在听闻秦国愿意出师救楚，顿时士气大增，争相赴战。

　　此时，吴王阖闾率领吴军已经在郢都待了半年多的时间。如果从出兵破楚的时间算起，应该在外有八九个月了。

　　公元前505年夏，越国见吴国以倾国之师长途跋涉进攻楚国，国内守备空虚，而吴军又这么长时间没有从楚国返回，遂发兵袭击吴国。

吴国留守部队进行了顽强抵抗，越军最终无功而返，但是，这一事件却给吴王阖闾敲响了警钟。

恰在此时，申包胥带着秦国的救兵正源源不断地开往楚国。一路上，秦军中还汇集了不少楚国的残军。楚国新上任的令尹子西，也带着他组建起来的临时部队，前去与亲兵会合，两下合兵一处，共同商议对付吴军的策略。

秦国将领子蒲说：

"我们秦国军队还没有与吴军交过手，不了解吴军的作战特点，希望你们楚军先与吴军交一次锋，让我们先看看吴军的虚实，然后再决定作战策略，一定可以大败吴军。"

秦军和楚军商定好后，分路出击，不久又在稷邑（今河南省桐柏县）会师。楚军先在沂地（今河南省正阳县）寻见夫概率领的军队，吴、楚两军展开了交战。

夫概部开始以为参战的楚军不过是一些散兵游勇，因此未加重视。后来发现有秦军参战，方知形势不妙，军心也开始动摇；加上楚军依仗秦军为后盾，士气高昂，一改往日与吴军交战时一触即溃的状况，个个拼死作战，夫概部渐渐力不能敌，溃败而走。

沂地小胜后，秦、楚联军的士气更加高涨，不久在军祥（今湖北省随州市）再次与吴军交手。驻守军祥的吴军将领是伯嚭，在未摸清敌情的情况下，便贸然指挥万余吴军主动发起进攻，首先与楚军子西部发生了战斗。

战斗进行得十分激烈，正在这时，秦军从中间穿插攻击，将吴军分割成为几段，形势对吴军不利起来。幸好伍子胥率领援军及时赶到，在伍子胥部的奋力支援下，伯嚭部才得以突围而逃，然而其兵力已经损失过半。

沉湎于劫掠享乐中的吴军，对秦国的出兵始料不及，直到沂地、军祥之战之后，才如梦方醒，吴王阖闾、孙武等人，急忙令吴军主力北上抵御。

多行不义的吴军，此时已经陷入了楚国人民奋力反抗的汪洋之中。楚国百姓深受吴军蹂躏之苦，现在听说秦国已经发兵前来救援，深受鼓舞，因此纷纷拿起武器，"各致其死"，奋臂而战。这些楚国百姓熟悉当地地形，经常神出鬼没，到处袭扰吴军，致使客居异国的吴军到处碰壁挨打，军队士气低落，人人厌战思归。

这年七月，楚、秦联军又以一部分兵力与吴国保持接触，楚国的司马子期与秦国将领子蒲会兵北上，又攻灭了吴国的盟友唐国，从而解除了复郢之战的后顾之忧。

这时，吴军内部也发生了变故，战局急转而下，对吴军十分不利。原来，将军夫概因沂地之败，被吴王阖闾大骂了一顿，怀恨在心，加上他早就有篡位之心，现在见秦军援助楚国攻打吴国，前途未卜，遂潜逃回国，自立为吴王。

为了平定夫概的叛乱，吴王阖闾被迫于九月带领部分精兵锐卒，昼夜兼行，先期回国，将前方军务交给孙武、伍子胥处理。

夫概没想到吴王阖闾会回来得这么快，只好仓促应战，结果被阖闾打得大败。夫概被迫逃往楚国，后来，楚国将堂谿（今河南省遂平县西北）封给了他，称其为堂谿氏。

（二）

吴王阖闾在返回吴国后，孙武和伍子胥面对楚、秦联军的攻击，指挥吴军在雍澨地区击败了楚军，暂时稳定了郢城的防御。

然而此后，吴军因占据郢城以来放荡无羁，军队的战斗力极其低下，再也不能抵挡住秦军主力的强大攻势，被迫退守到麇邑（约在今汉水以东一带）。孙武根据敌我情况，决心凭借汉水，背水雷阵，以抵御楚、秦联军的进攻。

在清发水一战中，被吴军击败的惨状令楚军记忆一些。为了避免重蹈覆辙，楚国司马子期建议对依托汉水防御的吴军实施火攻。但是，令尹子西不同意这一提议，他说：

"这个办法不可行。麇邑这个地方有我们以前战死的将士，父兄们的尸骨都暴露在那里。如果用火攻，烧死的吴军尸体就会与我们的混在一起，无法区分。这样一来，我们不但不能及时很好地掩埋他们，反而又要焚烧他们，这对不起他们的在天之灵。"

对此，子期反驳道：

"国家现在已经到了危急存亡的关头，如果死者在天有灵，就是纵火焚烧了他们的尸骨，他们也会将此作为对他们最好的祭奠而接受的，又怎么会害怕焚烧了他们的尸骨呢？"

最终，楚、秦联军决定用火攻的方式攻击吴军。吴军本来就已军心涣散，现在被联军的大火一攻，顷刻间便乱作一团。楚、秦联军乘吴军混乱之机，渡过汉水，奋力推进，再次击败了吴军。接着，联军又乘胜追击，在公婿之溪（今湖北省襄樊市东）再次给吴军以重创。

面对眼前的不利形势，吴军内部就下一步该如何行动出现了不同的观点。伍子胥仍然乐观地认为：

"虽然楚、秦联军多次打败我军，但也只不过是击败了我们的一点零星兵力，我军仍然有着很强的实力，还可以与他们再较量一番。"

因此，伍子胥坚持要固守郢城，与楚、秦联军战斗到底。但孙武的意见与伍子胥刚好相反，他主张知难而退。孙武说：

"我们率领吴军千里兴师，五战五捷，破楚入郢，取得了吴国历史上最伟大的胜利。我认为，目前我们已经赶走了楚昭王，并毁掉了楚平王的坟墓，宰割了他的尸体，想做的都已经做到了，应该适可而止。知足不辱，知止不殆，这是用兵的法则。所以，我认为还是及时主动地撤兵回国为好。"

经过反复讨论，最后伍子胥同意了孙武的看法，不久后，吴军撤出了郢城，返回吴国。

吴军撤出郢城后，楚昭王又回到楚国。进入郢城后，楚昭王立刻犒赏三军，重重奖赏那些复国有功之臣，申包胥当然也在受赏之列。

但是，申包胥却坚辞不授。他说：

"我去秦国乞师，是为了国家和君主，不是为了我自己。现在国家安定了，君王也回到了都城，我还有什么可追求的呢？"

不久后，申包胥只身一人离开楚国，不知所踪。

吴国破楚之后，楚国虽然借助秦国的军事力量得以复国，但元气已经大伤，此后也不再是吴国的主要对手。

相反，吴国尽管由于各种原因而弃郢返吴，但破楚之战已经达到了"北威齐晋，南服越人"的战略目的，且其军事实力也未受到较大的耗损。因此，当孙武、伍子胥等人率领破楚之师返回吴国时，受到了吴王阖闾和吴国人民的热烈欢迎。吴王还亲自命令国人做好美味佳肴，犒劳三军。

为了褒扬吴国入楚作战的功绩，吴王阖闾特意将三军出发和返回必经的吴国阊门更名为"破楚门"，以示纪念。

（三）

公元前504年四月，孙武再次受命，与伍子胥一同率领陆师，协同太子终累所率领舟师出兵伐楚，首先击败了楚军舟师，俘获了楚军舟师统帅潘子辰及大夫等七人。

楚军见主帅被俘，纷纷狼狈逃窜。孙武率领吴军乘胜推进，在繁阳

（今河南省新蔡县北）又击败楚国司马子期所率领的军队，大有再次长驱入郢之势。

楚国惧怕吴军再次深入腹地，造成再次失国之灾，遂将国都从郢城迁到了西北方向的都地。

从此，吴、楚两国之间持续了80年之久的战争基本结束，吴国也不再将楚国放在眼中，而是将自己战略的重点转向了齐、越、晋等国。楚国也只能消极避战，无力他顾，结束了称霸中原的历史。

吴国破楚入郢与迫楚迁都之举，威震中原，成为春秋时期战争史上"运筹帷幄之中，决胜千里之外"的奇迹。与此同时，这场战争的始作俑者吴王阖闾的头脑也随着这场战争影响的不管扩大而再度膨胀。

此时的吴王阖闾，自诩中原霸主，目空一切，视臣下如有无，看诸侯如草芥，"睡榻之旁岂容他人鼾声"，眼里已经揉不进一点沙子了。

一天，阖闾正在长乐宫与诸位王子及嫔妃饮宴歌舞，极尽其乐，忽然听说齐国与楚国交通聘使，立即怒从心起，掷杯于地，执剑在手，召集群臣，厉声说道：

"齐国竟然无视亡楚之诫，助纣为虐，与吴国为敌，我们绝对不能坐视不理！"

伍子胥见状，忙进言道：

"交聘乃邻国之常，未必存有助楚灭吴之心，不可轻启战端。臣听闻齐景公有一女，天姿国色，绝代佳人，不如遣使与其联姻，以固其心。如果不从，足建其有轻吴之心，届时再兴师问罪不迟。"

吴王阖闾听伍子胥的建议后，立即派遣大夫公孙骆前往齐国求婚。

此时的齐国，内无辅国之臣，外乏御辱之将，加上齐景公年事已高，志气衰颓，不能自振。因此，当公孙骆到达齐国，转达了吴王阖闾的联姻请求后，齐国君臣面面相觑，六神无主。

　　齐景公慑于吴国的强大势力，只得无奈地答应将自己的爱女少姜送往吴国联姻。临别时，齐景公亲自嘱咐大夫鲍牧送女儿到达吴国，并亲自扶着少姜登车，送至南门而返。

　　据说当时少姜还年幼，在到达吴国，与吴国太子成婚后，一心思念远在齐国的父母，日夜泣哭。太子再三抚慰，也无济于事，最终抑郁成疾，香消玉殒。

　　少姜在临终前，嘱咐吴太子说：

　　"臣妾听说虞山之巅可见东海，希望能将臣妾葬在那里。倘若魂魄有知，一定可以看到齐国。"

　　少姜死后，太子便遵照她的遗言，将她葬在虞山之巅。在今天江苏省常熟县的虞山，就有一座齐女之墓及望海亭，留下了一段千古不没、美好悲壮的传说。

《孙子兵法》不但在中国产生了深刻的影响，而且还被译为英文、法文、德文、日文等多种文字，成为国际上最著名的兵学典范之书。在1990年的海湾战争中，美国将军斯瓦茨科夫运用《孙子兵法》中"重将治兵"的原则及各种谋略思想，驱动装备着最现代化的战争武器，取得了战争的胜利，斯瓦茨科夫由此也被誉为"将星奇才"。英国著名战略家利德尔·哈特在《孙子兵法》英译本的序言中说："2500多年前中国这位古代兵法家的思想，对于研究核时代的战争都是很有帮助的"。

第十六章　夫差继位

善用兵者，避其锐气，击其惰归。

——（春秋）孙武

（一）

光阴荏苒，时间转眼就带着吴王阖闾进入了老年阶段。公元前497年八月，吴国姑苏丹桂飘香，景色宜人。长期沉迷于酒色的吴王阖闾，在妃嫔歌女的簇拥下，来到闻名遐迩的楞伽山游玩。

当阖闾信步来到当年的拜将台前，望着因岁月流逝而日渐荒废的拜将遗址时，不仅勾起了他对十多年前往事的回忆。

十几年前，一场政变改变了自己的命运，让他执掌了吴国的政权。即位后，面对百废待兴、缺乏将才的情况，孙武的出现犹如久旱逢甘霖，使吴国走上了振兴的道路。

然而，自从破楚返吴之后，由于在一些重大问题上的分歧，君臣间的默契被渐渐打破了。吴王阖闾不仅一直冷落孙武，令其赋闲在家，而且无论国事、兵事也不再听孙武的意见。想到这些，阖闾面显愧色，怏怏地离开了拜将台。

而当吴王阖闾凭山远望，横亘在眼前的石湖又勾起了他对越国的仇恨。十年前，当吴国进入楚都郢城时，越王允常竟然乘吴国内防空虚之机，凿山开渠，沿水路兵袭吴都。眼前的这条石湖，就是越国袭击吴国时所修建的。

那次越国袭吴之战，虽然在吴国的反击面前，越国自知力量衰微，最终主动撤军回国，没有对吴军造成大的战争创伤，但却加深了两国之间的敌对关系。

正当吴王阖闾准备向越国寻仇时，越王允常病死，其子勾践继位。吴王认为越王新立，政局不稳，正是伐越的大好时机，因此决定乘机出兵越国。

伍子胥虽然与吴王阖闾有知遇之恩，但对阖闾反复无常的性格及做法也时有不满。尤其令伍子胥感到不能容忍的，是好友孙武所受到的不公平待遇。他从吴王阖闾对孙武的冷漠态度上，也时常感到有一种阴影笼罩在自己头上。但身为人臣，还是应该以国事为重，替君主分忧。因此，当听说吴王要讨伐越国时，伍子胥私下征求了孙武的意见。

此时的孙武虽然闲居在家，但时刻都在关注着天下形势的发展及吴国政局的变化。所以，当伍子胥问他吴王伐越的意见时，孙武直言不讳地告诉伍子胥，此次伐越，凶多吉少。他说：

"叔父所著的《司马兵法》上早已指出，用战的原则，应不违反天时，不令百姓受苦害，这是爱本国的百姓；不趁敌国丧乱，不趁敌国灾难，这是爱及敌国的百姓；天寒地冻时，溽暑炎热时，不兴兵动众，这是爱及敌我百姓。爱民者胜，害民者败，这是千古不易之理。况且吴王一心寻仇，怒而兴师，愠而致战，焉能不败？"

伍子胥听孙武将战事分析得字字如理，而且也正合自己对此战的看法，于是冒死向吴王进谏：

"越国虽然有袭击吴国之罪，但现在遇有国丧，若乘丧而伐，必然伤民害义，失信于民，后果不堪设想，因此，大王应少待勿躁，从

长计议。"

但吴王阖闾根本听不进伍子胥的劝谏，遂留下伍子胥守国，自己选带精兵人马，伐越复仇去了。

（二）

公元前497年，趾高气扬的吴王阖闾亲率大军开向越国边境。年仅24岁的新立越王勾践，对吴国乘丧相攻的行为非常气愤。他亲自率领越军，出兵迎战。两军在双方的边界地区槜李（今浙江省嘉兴西南）相遇，一场大战即将爆发。

战斗伊始，越王勾践企图先发制人，遂选拔奋勇之士，组成两支敢死队，率先向吴军发起攻击。然而，久经沙场的吴军训练有素，阵势严整，面对越军的攻击巍然不动，而是用强弓劲弩射击，挫败了越军敢死队的轮番攻击。越军无奈，只好撤退回营，吴军也未乘胜追击。

越王勾践见初战失利，并不气馁，遂改变战术，使用吴王阖闾在鸡父之战中曾经行使过的战法，驱使军中"死徒"（触犯了军法的罪人）排成三行，列于吴军阵前。

随后，这些"死徒"将利剑放在自己的脖子上，向吴军连连高呼：

"两国交兵，下臣触犯军令，在贵军阵前显示出无能，不敢逃刑，只有在两军阵前自刎以谢罪。"

说完，只见剑光一齐闪起，鲜血淋漓的头颅纷纷落地。

看到眼前的这一幕，吴军上下惊得目瞪口呆，竞相观看，阵形也随即乱了起来。

越王勾践乘敌军混乱之际，指挥越军敢死队，改持大盾短刀，蜂拥而出，呼啸四起，直冲敌军阵前，冲乱了吴军的阵形。而越军主力也紧随其后，奋力掩杀。

混乱的敌军毫无准备，只得仓促应战。面对潮水一般涌来的越军，吴军手足无措，自乱其阵。

这时，越国将领灵姑浮冲入吴军之中，挥戈击伤了吴王阖闾，吴军"死伤者不可称数"。

吴王负伤后，吴军上下惊恐，无心再战，只得奋力保护吴王撤退，一直退到陉地（吴地，距槜李七里）才停下来。年近六十的吴王阖闾，自从即位以来，连战皆捷，所向披靡，没想到如今却败在一个乳臭未干的越王勾践手下，一时痛恨交加，暴伤而亡。在临死前，他嘱咐太子夫差，"必毋忘越"，让他一定要报越国的杀父之仇。

阖闾死后，吴太子夫差扶丧以归，成服嗣立。据传夫差征发了大批工匠，在"破楚门"之外的海涌山上，穿山为穴，为阖闾建造墓地；并以专诸刺王僚之鱼腹剑及剑甲六千副殉葬。其余的金玉古玩，也都充仞其中。同时，所有建墓的工匠也尽杀殉葬，无一幸免。

三日后，有人望见墓穴之上有白虎蹲踞其上，故而将此山命名为虎丘山，这就是今天江苏省苏州市著名的旅游胜地虎丘山所包含的一段神奇的传说。

后来，秦始皇还派人掘墓求剑，然而虽凿山为洞，仍一无所获，但却留下了著名的虎丘剑池，至今仍供游人观赏。

尽管这些传闻未必可信，但这些传说却伴随着这位戎马一生的君王夫差，在人们的心中树立起了一代霸主的光辉形象。

吴王阖闾命丧疆场，对孙武来说是个沉重的打击。在破楚之战后，尽管吴王与孙武君臣之间在一些问题上存在着分歧，使孙武在政治上受到了慢待，但其军事才能仍让阖闾称道不已。而孙武也并未完全对阖闾失去信心，他期待着阖闾能有北上之日，重返疆场。

阖闾去世后，其子夫差即位。虽然夫差不失王侯之相，但孙武凭借常年对他的观察，已无心在与其同朝共事了。于是，在人生的旅途中，孙武第一次萌生了归隐的念头。

（三）

吴王阖闾去世后，太子夫差即位。即位后的夫差，谨遵父命，矢志报仇。为了不忘越国的杀父之仇，他令门庭警卫，凡是遇到自己出入时，都必须大声责问：

"夫差，你忘记越王杀害你的父亲了吗？"

而夫差每次被问，都必须按剑回答：

"是。不敢忘！"

与此同时，夫差还命令伍子胥、伯嚭等将帅在太湖之滨督练水军，在灵岩山上设立射棚，日夜操练，勤习战射。

而在越国，越王勾践却在檇李之战后被初战胜利冲昏了头脑，重蹈当年吴王阖闾的覆辙，终日吃喝玩乐，不问政事。

经过三年的养精蓄锐，吴国终于具备了伐越的实力，夫差准备再次讨伐越国，为父亲报仇。越王勾践得知吴国积极准备伐越时，心里十分害怕，遂采取了先发制人的办法。

公元前494年，越王勾践抢先率领舟师伐吴。吴王夫差闻讯后，迅速聚集全国10万精锐部队前去迎战。双方在吴国境内的夫椒（今江苏省吴县太湖中西山）相遇，"战于五湖"。

战斗中，伍子胥采取两翼包抄、虚张声势的战法，连续攻击越军，致使越军大败，越将灵姑浮、胥犴等力战而亡，主力部队也大多被歼。

越王勾践抵御不住吴军的攻势，只得率领残兵败将5000余人退守到会稽以北的高地（今浙江省绍兴市东南），准备依山凭险，阻拦吴军进攻，以保首邑安全。

吴军则乘势追击至会稽，将越军团团围住。困守会稽的越军没多久就支持不住了，粮尽援绝，水源枯竭，曾以"吃三草，饮腐水"勉强度日。

越王勾践被围困在孤山之上，眼看就要坐以待毙，只好与手下谋臣商量逃生的方法。这时，大臣范蠡献计说：

"只有卑辞厚礼，多送玩好、美女，或许还有希望，否则就只能俯首称臣，甘为人奴，留得姓名再图发展了。"

眼前也没有什么更好的办法了，越王勾践只好派大夫文种前去吴军中讲和。文种卑辞地对吴王夫差说：

"鄙国的军队不足以与贵军较量，愿将子女宝物献给大王。勾践之女敬献给大王，大夫之女敬献给贵国大夫，军士之女敬献给贵国军士。我国宝物也尽大王享有，军队唯大王是命。如果这样还不能得到大王的宽恕，寡君将焚烧宗庙，将金玉宝器统统沉入江中，跟妻儿老小一道，带领五千甲兵誓死战斗到底，这样就一定可以以一当十。是和是战，请大王考虑。"

伍子胥一听，立即对吴王夫差说：

"吴越两国世代为仇，这里有三江环绕，人民无处迁移，其势不能两立。中原诸侯国即使被我国战胜，我们也不能占有其地，驾驭他们的马车。可如果战胜了越国，我们就可以占有他们的土地，乘坐他们的舟船，这是由生活习俗和地理环境决定的。现在正是天赐良机，我们万万不能错过，一定要灭掉越国，否则就将追悔莫及啊！"

然而，吴王夫差却被眼前的宝物美女所诱惑，又被文种谦恭的话语所打动，根本听不进伍子胥的劝谏。他说：

"现今越国已经臣服于寡人了，寡人还有什么可追求的呢？还有很多其他事情等着寡人去做呢，这件事就这样决定了，允许越国讲和。"

最后，连订立盟约的仪式都没有，夫差就带兵回国了。而这一疏忽，也埋下了日后越国覆灭吴国的种子。

第十七章　中原争霸

　　兵者，诡道也，故能而示之不能，用而示之不用，近而示之远，远而示之近。

——（春秋）孙武

（一）

　　夫椒之战令越国遭受到了极其沉重的打击。此后，在相当长的一段时间内，吴国都是越国的宗主国，操纵着越国的一切事务，并令勾践夫妇到吴国宫中服了数年的苦役，可谓是出尽风头，耍尽威风。

　　吴军在夫椒之战中大破越军，迫使越王勾践俯首称臣，这是吴王夫差继位后在政治、军事方面的第一篇"杰作"。夫差有理由为自己的成功感到自豪，可是"谦受益，满招损"，夫差也逃脱不了这一铁的规律的制约。对越战争的胜利，让夫差意满志骄、忘乎所以，称霸天下的欲望急剧膨胀起来，从而走上了急于求成、穷兵黩武的歧路，为自己最后的败亡埋下了种子。

　　更糟糕的是，随着越国暂时臣服于吴国，短时间内不会对吴国构成大的威胁，吴王夫差便在战略方针上与伍子胥、孙武等人的潜在分歧迅速表面化、尖锐化了。

　　这一分歧主要就表现在吴国对越国的处置一事上。伍子胥、孙武等人坚持认为，越国已经被彻底打败，就应该乘势消灭它，不能留作后患。因为他们都清醒地看到，越王勾践并不是一个等闲之辈，其左右股肱范蠡、文种等，更是龙韬虎略之士，不易对付。现在越国虽然暂时受挫，但只要一息尚存，就有可能死灰复燃，卷土重来，所以不能不一举平定越国。

而且，此次消灭掉越国，也可以解除日后吴国北上中原争霸时的后顾之忧，避免出现两线作战的被动局面。

可是，北上中原与齐、晋争霸，才是吴王夫差梦寐以求的夙愿。早在阖闾伐楚入郢归来后不久，就曾"复谋伐齐"，只是由于越国的牵制，才迫使阖闾、夫差暂时搁置了北进中原的战略计划。

现在，越国已经臣服，夫差便认为越国已不足以阻碍自己北进中原的计划了，因此不愿与其过多纠缠，而是急不可待地将战略目标向中原转移，将重兵向北推进，同齐国、晋国争得一日之长。

这样一来，吴王夫差与伍子胥、孙武等人的分歧也更加尖锐。

当然，吴王夫差的主张也不是毫无道理。吴国要想称霸天下，就必须北进中原，压倒齐、晋等国，如此才能号令诸侯。但问题是，这一时机尚未成熟，应耐心等待，创造条件。因为当时摆在吴国面前的首要任务就是灭掉越国，然后休养生息，发展实力，扩充军备，伺机而动，这才是正确的策略。

在君王专制的封建社会，君主的意志高于一切。吴王夫差又刚愎自用，根本听不进伍子胥、孙武等人的正确意见，一意孤行，坚持"释越而攻齐"，同时还将这一意志强行加给伍子胥、孙武等人。

（二）

经过几年的准备，吴王夫差认为，以自己的实力完全可以横行天下了。于是，他首先就近征服了郯国（今山东省郯城县），从而打开了北上的通道。

接着，公元前488年，吴王夫差与鲁哀公在鲁境鄫邑（今山东省苍山县）会见。这次会见中，夫差要求鲁国向吴国进献牛、羊、猪各100头，作为享宴用品，这称作"百劳"。

但鲁哀公却遣使告诉夫差说：

"先王没有做过这样的事，所以我们大王也不会这样做。"

而夫差对鲁国使者说：

"这算什么呢？宋国进献给我们的还不止百劳呢，鲁国也不能比宋国少。而且，鲁国对晋国进献的恐怕也不止此数，我们难道让你们贡献百劳还有什么困难吗？"

鲁国使者回去后，将吴王夫差的话汇报给鲁哀公。鲁哀公明白，夫差要的根本不是什么百劳，而是以鲁国进献之事作为理由，向晋国这个霸主示威。索要进献之物仅仅是一种信号，吴国是不将晋国放在眼里，自己小小的鲁国又何足挂齿呢？

鲁哀公不敢得罪吴国，赶紧派人向吴王进献了百劳。

这年秋天，鲁国攻打邾国，攻破了邾国的都城，俘虏了邾国国君。邾国便遣使来到吴国，向吴国求援说：

"鲁国以为晋国衰弱了，而吴国距离他们又远，所以就来欺负我们小国，背弃与贵国订立的盟约，这是看不起贵国与我国的友好关系啊。我们小国倒不敢爱惜自己，只是怕贵国的威信不能建立。请贵国国君考虑是否出兵。"

吴王夫差正找不到借口讨伐鲁国，现在见机会难得，遂借救援邾国之名出兵伐鲁。吴军一直打到泗水（今山东省泗水县），兵临鲁国国都曲阜。鲁国不是吴国的对手，被迫与吴国订立了盟约。

征服鲁国之后，吴王夫差随即又出兵征讨陈国。随后，夫差开始大兴土木，征集劳工开凿地邗沟。邗沟从朱方（今江苏省镇江市）对岸江水以北开始，经由邗邑（今江苏省扬州市）北上达300里，抵达淮夷地区（今江苏省淮阴市一带），与淮水连接。

邗沟修通以后，吴军舟师便可以从江水出发，直达淮水，从而为争霸中原提供了极其便利的运输。

公元前486年，邗沟竣工，吴王夫差便在邗邑屯兵屯粮，作为吴国进驻中原的重要基地。

邗沟刚一修好，夫差便迫不及待地于第二年（公元前485年）会合鲁、邾、郯等国之兵，讨伐齐国。

联军兵分两路，一路由夫差亲自率领，从沂水而上，然后转陆上进攻齐国南部；另一部由吴国大夫徐承率领舟师，从海上攻打齐国，此可堪称是我国历史上最早的海战。

吴国联军大举逼入齐国后，迫使齐国内部发生了严重的内讧，齐悼公被杀。吴王夫差为表示自己是仁义之师，"三日哭于军门之外"。然而得知徐承领导的海上攻齐战役没有成功后，夫差便假意关照齐国国王而引兵退去了。

但齐国却自不量力，于第二年（公元前484年）出兵伐鲁。鲁国再次请求吴国援助，吴王夫差这次暗下决心，一定要彻底击败齐军。

越王勾践在听说吴、齐两国准备进行大决战时，认为这正是借助齐国削弱吴国的大好机会。因此，他亲自率众朝吴，再次向吴王献上大量珍宝，吴国君臣上下每人均有一份，使得吴国朝廷上下一派喜气洋洋。

在所有朝臣之中，只有伍子胥对越王勾践的行为感到忧虑。他说：

"这是越国将吴国当成家畜来养活啊！他们不是关心我们，而是为了要杀掉我们。"

随后，他又向吴王夫差进谏说：

"越国是我们的心腹大患，我们同处于一块土地上，不是你死，就是我活。他们表面上臣服于我们，实际上是要达到他们不可告人的目的。所以，我们先进攻的应该是越国，而不是齐国。我们攻打齐国，

即使如愿以偿，那么我们也如同得到一片充满石块的土地，根本无法耕种。治病讲求去根，如果留下了病根，不知什么时候又会复发。所以，我们一定要讨伐越国，铲除这条祸根。"

但夫差对伍子胥的建议根本不予理会。他想，越王勾践现在如此臣服于我，我也应该宽厚待人才行。我的目标是北上称霸，这才是刻不容缓的事情。

（三）

吴王夫差率领吴国大军，自江水转邗沟直抵淮水，与鲁军会合后，一路披靡，连克齐国的博邑（今山东省泰安县东南）、嬴邑（今山东省莱芜市西北），在淄水上游的艾陵（今山东省莱芜市东），吴、齐两军展开了两国史上最大的一次战役——艾陵之战。

在这场决战中，吴军大败齐师，缴获"革车八百乘"，斩杀"甲首三千"，并俘虏了齐国的许多将领。

战争结束后，夫差为使天下诸侯归心，表示不谋私利，将战争中俘获的全部财物都献给鲁哀公。同时，夫差还派遣使臣出使齐国，与齐国主动修好。齐国自然是求之不得，欣然与吴国订立盟约，夫差这才载誉而归，返回吴国。

艾陵之战中，史书并无明确记载孙武是否参与其中。但可以肯定的是，孙武前期的奋斗，即训练军队和谋划军事，为艾陵之战的胜利奠定了一定的基础。

另外，我们也可以大胆推测，在那个君主意志高于一切的时代，如果孙武还在吴国的话，即使孙武不同意吴王夫差的北进计划，但在夫差决定出兵伐齐后，他也可能不得不随军出征，甚至还要亲自指挥战斗。因此，司马迁在《史记》中说他"北威齐晋，孙子与有力焉"也就不足为奇了。

不过，伍子胥、孙武等人对吴军的艾陵大捷不以为然。他们一直都对越国保持着高度的警惕，也多次劝说吴王夫差灭掉越国，但夫差根本不予理会，结果令勾践顺利脱身，以图东山再起。

在艾陵之战爆发前，越国的实力已经得到了很大的恢复，"其民殷众，以多甲兵"。这些，伍子胥、孙武等人看在眼里，忧在心头。伍子胥还多次向吴王夫差谏诤：

"越国对于吴国，乃是心腹大患。它与我国同处南方，时刻怀有亡我之心，现在表面上虽然归顺柔服，这只不过是阴谋亡吴的手段而已，不如趁早灭掉它。越国不灭，吴国灭亡的日子也就指日可待了！"

刚愎自用的夫差根本听不进伍子胥的任何谏言，一意兴兵北上，同时还因此对伍子胥、孙武等人产生反感，开始将他们排斥在决策圈子之外，在错误的道路上越走越远。

面对这种局面，孙武感到十分失望。他知道，吴王夫差为了实现其称霸中原的勃勃野心，已经变得十分不清醒了，甚至有点不顾一切。任何不利于北上中原的言行，都会遭到夫差的迎头棒喝，甚至还以斩人杀头相威胁。

按照这种态势发展下去，孙武觉得，自己为之献身的这片热土，将会有"灰飞烟灭"的危险。尤其是每当夜深人静的时候，孙武仰望天空，想到自己已经不太可能再能创造出先人伊尹、吕尚那样的丰功伟业时，内心之苦痛，情绪之低落，是不言而喻的。

更让人为之悲伤的是，此时的夫差，仅仅因为自己不赞同他的北进战略，就对自己这个曾为吴国的强盛贡献大半生心血的军事将领冷落一旁，供而不用。

到底该何去何从？孙武不由得开始考虑自己日后的人生之途了。

第十八章　失意归隐

兵之情主速，乘人之不及，由不虞之道，攻其所不戒也。

——（春秋）孙武

（一）

自从孙武出仕吴国之后，由于吴王阖闾政治清明，礼贤下士，孙武也深得吴王器重。在破楚之前，吴王阖闾事必躬问，每次孙武也都竭力以对，君臣辑睦，"上下同欲"。

在破楚之战中，孙武也倾心筹划，吴王言听计从，君臣之间的默契赢得了破楚之战的胜利，而孙武也在吴国渡过了他一生中最难忘的一段军旅生涯，成就了他在军事理论和军事实践方面的最高峰。

然而，破楚入郢之后，吴王阖闾鼠目寸光，不思安民抚士，在军事上怂恿属下烧杀抢掠，自绝于民；在生活上奢侈糜烂，一味享乐。而孙武的直言相劝，也让吴王阖闾颇为不悦。

吴王虽然对孙武的谏言感到不满，但由于暴师在外，大敌当前，因此也没有深究，但这还是让君臣之间原有的信任和默契蒙上了一层阴影。

而从楚国返回吴国后，吴王阖闾又"立射台""建华池"，造"长乐"之宫，并在城外筑建了"姑苏之门"，以供享乐。为方便游玩姑苏台，观赏太湖风光，吴王还在胥门外修建了"九曲路"，在城外置"美人离城"。所到之处，还均建造了"冰室"，以便贮藏珍馐美味，供游乐时享用。

吴王阖闾的这些行为，完全有悖于孙武出仕吴国的初衷。对此，孙武既不能让吴王改弦易辙，又不能任其所为而自己无动于衷。这种矛盾的心理，让孙武逐渐萌发了回归山林，继续完成其军事著述的想法。

而让孙武归隐山林的念头变得更加坚定的，就是阖闾固执地讨伐越国，结果命归槜李，以及公元前494年新王夫差伐越之战的半途而废。

自从夫椒之战后，孙武虽然没有直接参加战役，但对战争的关注程度不亚于在前线指挥千军万马的好友伍子胥。槜李之战后，孙武也不止一次地与伍子胥说起自己归隐山林的打算，每次伍子胥都以各种理由挽留孙武，劝他再稍待时日，以观新王夫差之为，再行决断。

在伍子胥的劝说下，孙武只好又耐心地留着吴国等待，同时也认真观察着吴王夫差的所作所为。在伐楚的前三年，夫差为报越国杀父之仇，夜以继日，勤于国政，似有一番宏远之志，这也让孙武从其身上似乎看到了破楚之战前阖闾的影子。因此，讨伐越国的胜利也在孙武的预料之中。

然而，在战胜越军、围困越王勾践之后，吴王夫差却接受了越国的议和请求，这是孙武没有想到的，也是孙武所不愿意看到的结局。

这个结局同12年前阖闾在柏举之战后，长驱入郢的决策形成了极大的反差，也因此让孙武看到了吴王夫差目光短浅、缺少霸主资质的一面，同时也使其在吴国继续施展抱负的最后一点希望破灭了。

而吴王夫差伐齐归来后，吴国发生了一件惊天动地的大事，最终让孙武下定决心，离开这喧嚣的尘世。这件大事就是一代英杰伍子胥的不幸惨死。

（二）

在吴、齐两国爆发艾陵之战前，吴王夫差曾让伍子胥前往齐国下战书。此时的伍子胥已预感到了越王勾践的阴谋所带来的现实威胁，吴国的江山社稷已经危在旦夕。为了给自己今后的生活留条出路，他乘机将自己的儿子托付给齐国的卿大夫鲍氏，并让其子更名为王孙氏，希望日后自己走投无路之际能有一个投奔的场所。

吴王夫差对此事并不知道，直到伐齐大胜返国后，才得知伍子胥将儿子送到了齐国，很是不满；再加上这时已升任太宰的佞臣伯嚭乘机推波助澜，诬陷伍子胥与齐国勾结，故意在伐齐时"佯病"不出，留在国内，让吴王夫差对伍子胥产生了怀疑，认为伍子胥不够忠心。

因此，吴王夫差就责问伍子胥说：

"大夫曾辅佐先王阖闾开辟疆土，破楚建功。今大夫老而不肯安享福寿，却对吴国心存恶念，奸事敌国，扰乱法度，战前就妖言惑众，阻挠寡人图霸大业。今上天保佑寡人打败齐国，寡人不敢自专其功，欲祭先王的钟鼓，特告大夫。"

伍子胥是何等聪明之人，听完夫差的话，心中顿时感到无限酸楚。他立刻明白，这是吴王夫差要拿他开刀了。因此，他随即便对夫差说道：

"天道若抛弃谁，必将给其小胜，而后才给予惩罚。大王此战若不胜，还能觉悟，使吴国幸存，但现在已经晚了。我宁可先死，也不忍心见大王被越人所擒获！"

鬼迷心窍的夫差哪里还听得进伍子胥的只言片语，只是在伍子胥身边扔下一把属镂之剑后，拂袖而去。

伍子胥仰天长叹，回顾自己一生的坎坷经历，想到吴国黯淡的未来，不禁悲从中来，涕泗滂沱，悲愤地说道：

"唉！谗臣伯嚭为乱吴国，大王却要杀我。是我让你的父亲成就了破楚大业，又以死相争，将你立为太子。当初你立为吴王，曾要分半个国家给我，我都不敢奢望，又怎么敢图谋吴国呢？"

随后，伍子胥又流着泪对下属说道：

"吴王不听我的忠告，将来必会后悔的。我死后，一定要在我的坟墓上种植梓树，使其日后可作为棺材以葬吴王；再挖出我的眼睛，悬挂在吴城的东门上，我要亲眼看到越国人通过城门入城灭吴。"

说罢，伍子胥挥剑割喉，气绝身亡。一代英豪，就这样含冤惨死。

吴王夫差听到伍子胥的临终遗言后，更加怒不可遏。他丧心病狂地命人将伍子胥的尸首装入皮囊，然后抛入滔滔的江水之中，以解心头之恨。

一直以来，孙武都对伍子胥的遭遇深感同情，也许还曾在可能的范围内给予过他救助。但此时夫差早已视孙武为伍子胥的同党，哪里还能听取他的进谏？不仅不会听，反而更加增添了对孙武的戒心。结果，孙武对伍子胥的遭遇爱莫能助，不能阻止悲剧的发生，只能眼睁睁地看着自己的好友命丧黄泉。

事实上，伍子胥的死是夫差在战略谋划上刚愎自用、一意孤行，在用人上信谗疑忠的必然结果。作为两朝元老，伍子胥功勋卓著，在吴国享有极高的声望。而他的惨死，也给吴国的臣宦们造成了极大的震动，使得他们此后人人自危，众口皆缄。这表明：吴王夫差已经完全蜕变成一个暴君，也意味着吴国的前途已经一片黑暗，不可能再有转机出现了。

（三）

伍子胥悲惨的结局让孙武感到心灰意冷，吴王夫差的行径更让他感到绝望至极。伍子胥死后，孙武也更加清楚自己的处境，同时也看清了吴国的前景。他不愿再重蹈挚友伍子胥的覆辙，更不愿替夫差这样的昏君殉葬。那么对他来说，就只剩下一个选择了：归隐山林，找一个清静的地方，回顾总结自己多年来的军事实践，对自己的兵法进行修改、补充和完善，以终余年。

以孙武的智慧，做出这样的决定是完全符合情理的，也是完全可以理解的。"达则兼济天下，穷则独善其身"，这是中国古代相当一部分士人处世的基本态度，孙武最终也选择了这条路。

于是，或许在一个早春的夜晚，也或许在一个秋日的黄昏，孙武怀着对吴地深深的依恋之情，告别了吴国，麻衣草履，飘然归去。

关于孙武归隐后的去向，由于史书上没有明确记载，至今仍是个难解之谜。一般人的推测是，他依旧留在吴国，隐居在乡下，修订他的兵法著作，直至默默去世，死后也葬在吴国的郊外。

据《越绝书·记吴地传》中记载：

> 巫门外大冢，吴王客，齐孙武家也，去县十里。善为兵法。

这似乎可以作为一个引证，证明孙武最终还是没有离开他为之倾心而谋的吴国，从而借异国的一抔热土，给自己的一生画上了一个句号。

不过，孙武的归宿或许还有另外一种情况，那就是因怀念桑梓故土而辗转返回齐国隐居。从其后人孙膑"生于阿、鄄之间（今山东省阳谷县阿城镇、菏泽市鄄城县北一带）"等情况来看，这种可能也是存在的。

再有一种可能，就是孙武也被吴王夫差所杀。因为《汉书·刑法志》中具有这样的记载：

> 孙、吴、商、白之徒，皆身诛戮于前，而功灭亡于后。

唐初儒家学者颜师古所注"诛戮"的人名为：孙武、孙膑、吴起、商鞅和白起。而唐代李筌的《太白阴经·善师篇》中的有关内容也承袭了颜师古之说，其中记载：

> 孙、吴、韩、白之徒，皆身被刑戮，子孙不传于嗣。

这两种说法都将孙武与吴起、商鞅、韩非、白起等并列在一起，可知他的晚景并不是很好。在伍子胥自杀后，孙武可能因为与伍子胥的关系密切而受到牵连。

不过，这种说法出自《汉书·刑法志》，而《史记》等比它早的史籍中并无此记载，所以这个说法通常认为是不足为信的。在没有确切的史料佐证的情况下，我们综合判断孙武最终应该是归隐山林，无疾而终，这也是更加令人信服的结果。

而且，归隐之后的孙武还可能活到了亲眼见到吴国灭亡的那一天。

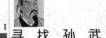

第十九章　吴国败亡

　　策之而知得失之计，作之而知动静之理，形之而知死生之地，角之而知有余不足之处。

——（春秋）孙武

（一）

　　吴王夫差在完成了征服越国、鲁国、齐国的任务之后，开始野心勃勃地与晋国争夺伯长。

　　作为中原大国，晋国挟周天子而令天下诸侯已有百年，但此时的晋国已经是日薄西山，暮气沉沉。晋国的国内大权旁落在六卿手中，他们互相攻伐，搅得国无宁日，民不聊生。吴王夫差决定利用这个千载难逢的好机会，挟连胜越、鲁、齐的余威，向霸主晋国展开攻势。

　　公元前482年夏，吴王夫差亲自率领吴军倾巢而出，从江水出发，一路北上1000多千米，来到宋、卫、郑、晋四国交界处的黄池（今河南省封丘县南），与周王室的单平公、晋定公、鲁哀公等会盟。夫差意欲以军队为后盾，在会盟过程中同晋国争夺霸主地位，所以只留下少数军队由太子友统领驻守姑苏城。

　　此时，忍辱含垢十余年的越王勾践，探知吴王夫差倾巢而出，只留下少数老弱病残与太子友留守都城，认为自己出头的日子终于到来了。

于是，越王勾践迅速征集习于水战部队"习流"2000人、训练有素的部队"教士"4万人、越王精锐部队"君子"6000人、将帅1000人，共5万人，兵分两路，向吴国挺进。其中一路由范蠡率领舟师，从海上溯流淮水而上，切断北上吴国回援的道路；另一路由越王勾践亲自率领，带陆军突袭吴国都城姑苏。

六月二十日，越军前锋抵达吴都城郊。吴太子友、王子地、王孙弥庸等，率军前来抵抗。弥庸见越军挥着他父亲的战旗，不由得怒火中烧，就对太子友说：

"我看到越军挥舞着我父亲的旗帜，我不能见到仇人而不去报仇。"

因此坚决请求出战。

太子友说：

"这一战很关键，如果不能取胜，我们就有亡国的危险，所以还是请耐心等一等吧。"

但弥庸忍耐不住，私自带领5000名人马，在王子地的帮助下，出城攻打越军，俘获了几名越将，取得了初战的胜利。

如此一来，吴军便以为自己已经打败了越军。然而，二十一日这天，越王勾践率领主力部队赶到，双方才真正进入决战。由于吴军兵力处于绝对劣势，且战斗力明显不强，太子友虽然倾力抵抗，无奈人少力薄，无力回天，此后连战连败，最终一败涂地。

越军大获全胜，俘获了吴太子友、王孙弥庸等人。二十二日，越军攻破吴国国都，开进姑苏城，烧毁了姑苏台，夺取了吴王夫差的余皇舟，取得了袭击吴国之战的重大胜利。

此时，正在黄池准备与晋国争夺霸主的吴王夫差，听说越王勾践已经带领越军袭取了吴都，十分震惊。开始他还不相信这是真的，一连问了7名报信的使者，结果都异口同声说这件事千真万确。

至此，吴王夫差才如梦方醒，认清了越王勾践的真实面目。为防止消息泄露出去，吴王夫差将赶来报信的7个人全部杀掉了，然后秘密召集大夫们商议对策。

夫差气愤地说：

"越国人竟然背信弃义，趁寡人不在时偷袭我们的国都。我们现在离国太远，要么不举行会盟，立即返回；要么不争了，让晋国继续为伯长，争取时间。这两种方法哪一个对我们更有利？"

大夫王孙雒回答说：

"这两种办法对我们都不利。如果不会盟就率军返回，就等于将越军攻占吴都的消息告诉了诸侯各国，我们的士兵也会产生恐慌心理，临阵脱逃，可能还没赶回国，沿途就被齐、宋、徐等国设伏歼灭了。如果我们向晋国示弱，让晋国先歃血为盟，晋国就会利用这个权力，凌驾于我国之上，挟持周天子。我们想见周天子，晋国也会从中阻挠，两国争执不下。这样下去，越军攻占吴都的消息就会传出去，那么我军也会自乱起来。所以，现在只有一个办法，就是强迫晋国马上会盟，并让其屈从于我们的意志，推举我们为伯长。"

（二）

吴王夫差听完王孙雒的建议后，赶紧走上前拉住王孙雒的手，问道：

"这个办法可行吗？"

王孙雒回答说：

"大王不必忧虑，现在只有这条路可以走。只要我们都抱定信念，就一定会成功的。"

　　说完，他又转向诸位大夫施礼道：

　　"晋国的士兵和吴国的士兵没什么两样，都是一样愿意生而不愿意死。但黄池距离晋国很近，一旦又什么不测，晋国士兵觉得离家近，逃离的想法也更重；而我们的士兵离家远，想单纯逃回去的可能性极小，只有拼死向前，才有生还的可能。今天晚上，我们一定要向晋国挑战，以振我军士气。"

　　随后，他又转向吴王夫差，说道：

　　"请大王您激励士气。对于争先奋勇者，奖之以高位重宝；对于退缩不前者，惩之以刑戮，命令全军将士舍死忘生，竭力接战，晋国就一定会不战而推我为伯长。我们在成为诸侯盟主之后，就说今年年景不好，可免除诸侯的贡献，他们必然高兴，各自回国而不再与我为敌。这时，大王您再率军装作若无其事的样子，一日急行军，一日缓步慢行军，以稳定军心，就会很顺利地率领全军返回吴都。"

　　吴王夫差觉得王孙雒的建议有些道理，而且目前也的确没有更合适的办法，只好接受了这一建议。

　　当晚，夫差下令全军厉兵秣马，准备战斗。到了半夜时分，夫差传令全军将士穿戴好铠甲，衔好马枚，扑灭灶火，悄悄潜行到晋军驻地。

　　随后，吴军列出三个方阵。天刚蒙蒙亮，吴王夫差便亲自擂鼓，瞬时间三军钟鼓齐鸣，惊天动地。晋军被这突如其来的鼓声所震撼，不敢出营对阵，只好派大夫董褐前去请问国王说：

　　"晋国与吴国两国国君此次相见，目的是为了偃兵修好。我们不是已经约定今日中午会盟的吗？为何贵国不守诺言，率军前来我军营前列阵呢？"

　　吴王夫差回答说：

　　"天子有命，周室衰微，诸侯们不进献物品，使得天子不能祭祀上帝鬼神，这是因为没有像我们吴国这样的姬姓国家相助的缘故啊！贵国孤军不替周王室考虑，反而以力征伐兄弟之国，寡人继承先君爵位，想替诸侯分担些忧愁。进又不敢，退又不是，恐怕事之不及，因此事奉晋国国君在于今日，不能事奉晋也在今日。为了不麻烦您的使者，寡人愿意在营外听候发落。"

董褐听完吴王夫差的话后，赶紧回去回复晋定公，又对晋国的正卿赵鞅说：

"微臣仔细观察夫差言谈举止，发现他神色之中有忧烦之色，可能是他的国内发生了动乱。看他的阵势是要决一死战，我们不可与之争锋，不如先答应他再说。"

赵鞅接受了董褐的建议，便对晋定公说：

"吴太伯是姬姓诸侯中的老大，不妨就让他们吴国做一次伯长吧。"

晋定公此时受制于赵氏，也就无可奈何地答应了。

七月六日，吴王夫差与晋定公等诸侯国在黄池举行了隆重的会盟仪式。吴王夫差在晋定公前率先歃血为盟，终于圆了成为中原霸主的美梦。为了这个虚名，吴王夫差付出的代价是多么的惨重！

随后，吴王夫差又派大夫王孙苟向周敬王报告了吴国霸业的光辉业绩，尤其是破楚入郢，制服越、齐，沟通兄弟国家之间友好往来等话。周敬王听完后，对夫差大加褒奖了一番，并赐予夫差一批弓弩和一些祭肉，以表明对吴王夫差作霸主的支持。这一次，夫差总算名正言顺地成了天下的霸主。

黄池之会结束后，夫差急忙按照王孙雒的建议，率领军队返回国内，直到这年冬天才回到吴都。而此时，都城已经失陷，太子友战死的消息也已无法保密，军心因此而涣散，将士皆毫无斗志；加上长期远征，往返奔波，吴军已经人困马乏，疲惫不堪。

夫差见军士们已经无力再战，只好派人带着丰厚的礼品前往越国，与越王勾践讲和。勾践与群臣商议后，认为自己的力量目前还不足以消灭吴国，于是答应双方和好。

但是，经过这一次战役，吴国的国力大减，吴越战争的天平已经开始向越国一边倾斜。而吴王夫差在顺利地使越军撤兵后，又开始麻痹大意，不吸取教训，丧失了对越国的警惕，以为自己北上争霸的目标已经实现，大功已经告成，就该"息民散兵"，让百姓过太平日子了。

于是，吴王夫差解散了主力军队，留下的一部分军队也军备松弛，这就给越军日后卷土重来提供了可乘之机。

（三）

吴国北上争霸，又给楚国提供了一个很好的休养生息的机会。经过20余年的积累，楚国又开始强大起来。就在黄池之会的第二年，楚国令尹子西便率领舟师攻打吴国，并攻占了吴国的桐地。次年，吴王夫差领兵报复楚国的侵扰，结果又被打得大败而归。

公元前478年，决定吴、越两国命运的关键战役终于爆发了，这就是笠泽之战。

这一年，吴国刚刚被楚国打败，国内又偏偏赶上大旱，仓廪空虚，饥民遍野，国家陷入内郊外困之中。越王勾践认为，这正是兴兵伐吴的大好时机，于是决定动员越国的全部力量，大举进攻吴国。

不久，勾践亲自率领斗志昂扬、士气饱满的越军主力北上，直趋吴国腹心，一路开到笠泽（今江苏省苏州南部，自太湖东至海）。

吴王夫差听闻越兵又来进犯，也被迫率都城姑苏内的所有军队出城迎战。吴军在江北，越军在江南，两军夹水对峙。

勾践和范蠡针对渡河作战的特点，巧用战术，采取"两翼佯动，中央突破"的战法，打击吴军。越军主力的两侧分别派出部分部队，为"左、右句卒"，在夜半时分鸣鼓呐喊，对吴军进行佯攻，

吴王夫差听到呐喊声，以为越军两路正在渡江进攻，一时慌了手脚，仓促迎战，并将吴军一分为二，分别抵御越军，结果恰恰中了勾践君臣的诱敌分兵之计。

勾践见夫差中计，立即下令越军主力人人衔枚，偃旗息鼓，从中路正面潜行渡江，出其不意地从吴军两路中间薄弱部位展开进攻，兵锋直指吴军大本营。

吴军猝不及防，顿时乱了阵脚。吴左、右两军见中军情势危急，急忙向中军靠拢，结果却被越军"左、右句卒"所阻击，无法会合，陷入分散孤立作战的处境之中，以致被各个击破。

笠泽之战让吴国遭受巨大重创，从此一蹶不振。此后，越军转入战略进攻阶段，而吴军已经无法再组织起有效的抵抗了。

公元前475年，越王勾践决定给吴国以最后一击，率军大举进攻吴国，开始了越灭吴的姑苏之战。

这一次，勾践采取长久围困的政策，将吴国国都姑苏包围得水泄不通，准备困死守军，时间长达两年之多。

两年后，吴国终于"士卒分散，城门不守"。公元前473年冬十一月二十七日，越王勾践率领越军发动总攻，几乎没费多少力气就彻底占领了姑苏。

吴王夫差带领少数残兵败将逃到太湖东面的姑苏山上。越军随后紧追不舍，并将姑苏山重重包围起来。夫差穷途末路，只好派王孙雒袒衣膝行至越王勾践面前求情：

"从前我在会稽得罪了您，不敢违命同您结好，现在轮到大王您前

来惩治我的罪过，我惟命是听，希望也像以前一样，允许我为越王您的臣虏。"

王孙雒的一番话让越王勾践不禁想起了当年自己在会稽山上的窘境，怜悯之情油然而生，打算接受夫差的请求，给夫差留一条生路。但身旁的范蠡极力反对，他上前对越王勾践说道：

"君王您忍辱负重二十多年，为的是什么？不就是为了今天吗？现在一旦抛弃前功，日后我们也将会死无葬身之地！"

范蠡的话一下子让越王勾清醒了，他立即回绝王孙雒说：

"往日是上天将越国赐予你们吴国，你们不接受；今天是上天把吴国赐予了越国，我们实在不敢违背天命而听从你们的请求。"

吴王派人连续请求七次，勾践也没有再改变主意，并随后率领越军向姑苏山发动最后攻击，准备活捉吴王夫差。

经过激烈的战斗，越军士兵将生俘的吴王夫差献于越王勾践面前。勾践望着眼前这个曾给予自己无数耻辱的吴王，遂以胜利者的姿态对吴王说道：

"上天将吴国赐予寡人，我不敢不接受。人生一世能有多少时光呢？这次寡人就不让你死了，你就到甬东（今浙江省定海县的翁山）去居住吧。寡人赐给你300户人家，随你使用，你就在那里安度晚年吧！"

吴王夫差听罢，失声痛哭起来，泣不成声地说道：

"上天降祸于我国，让寡人失守宗庙社稷，寡人还有什么资格苟延残喘地活在世上见天下人啊！"

说完，长叹一声，无限悔恨地对手下人说：

"只是死者无知罢了，若其有知，我有何面目去见九泉之下的伍子胥啊！"

说完，吴王夫差用帛布盖住自己的面部，表示自己再无脸见天下人，随后拔剑自刎。吴国就此灭亡。

　　如果归隐后的孙武看到这一幕，其心情必是痛苦不堪的，因为吴国毕竟是他曾经向往、投奔，并为之长期辛苦经营、施展抱负的国家，甚至等于是他的第二个故乡。可想而知，这种亡国的打击对一个垂暮的老人来说，是多么巨大而令人难以承受！

　　我们可以推想，也许就是在这个时候，孙武哀叹吴国的败亡，痛惜自己壮志未酬，因而心情抑郁，落落寡欢，以致不久后便绝尘而去，赍志而没了。

孙武最早在兵法中提出情报的重要性。他主张知彼知己，百战不殆；不知彼而知己，一胜一负；不知彼不知己，每战必殆。孙武认为，战争中，一方面要用各种方法获取地方的情报，探取敌方军情、军力、部署、动向、补给等，同时还要对本身的军情严格保密，或发放假军情，虚虚实实，诈骗敌方，令敌方信假为真。

第二十章 《孙子兵法》

　　知彼知己，百战不殆；不知彼知己，一胜一负，不知彼不
知己，每战必殆。

——（春秋）孙武

（一）

　　孙武以其超凡绝俗的智慧，料定了吴王夫差的下场，洞悉了吴国
的结局。他敏锐地感觉到，自己在吴国谋创大业的宏图该是结束的时
候了，于是趁吴王夫差对自己心生戒忌时，毅然决然地抛弃了高官厚
禄，离开了他曾经创造过辉煌业绩的国度，离开了这个熙熙攘攘、尔
虞我诈的尘世，隐居山林。

　　但是，孙武的英名却一代接一代地流传下来，并且给后人留下了一
部博大精深的《孙子兵法》。

　　《孙子兵法》是孙武倾注了一生心血的不朽著作。早年在觐见吴王
阖闾时，孙武就已完成了"十三篇"。在吴楚战争以后，孙武的行迹
不见载于史册，或许他隐居后，再次对自己的著作进行了一番全面系
统的整理，因此还有相当数量的兵书论著。

　　据班固的《汉书·艺文志》中记载，"兵权谋十三家"著录有

"《吴孙子兵法》八十二篇，图九卷"。清代学者毕以珣在《孙子叙录》中指出，在这八十二篇中，除了孙武见吴王阖闾以前所著的十三篇之外，其余六十九篇都是孙武的佚文。这些佚文部分散见于其他的古迹当中。

1972年，山东省临沂银雀山汉墓出土的兵法残简中，既有相当完整的"十三篇"《孙子兵法》，又有《吴问》《四变》《黄帝伐赤帝》《地形二》《见吴王》等残片，以及若干无以归篇的残简。

后人在研究《孙子兵法》的过程中，总会自觉或不自觉地打破原书固有的结构，将其纳入现代军事学科的框架中加以概括。这虽然有助于今人的理解和借鉴，但却很难揭示《孙子兵法》的内在思想框架，让读者仍然不得要义。要想揭示《孙子兵法》本身所特有的思想体系，只有对"十三篇"进行仔细分析，这是准确而深刻地理解和掌握孙子兵学文化精神的基础。

今本的《孙子兵法》十三篇是有其内在逻辑的，南宋的张预早开始注意到研究孙子的逻辑。民国时期的支伟成在《孙子兵法史证·篇目述义》中，又将张氏的分析进行了概括：

计篇第一，将之贤愚，敌之强弱，地之远近，兵之众寡，当先及之，而后兵出境。故用兵之道，以计为首。

作战篇第二，计算已定，然后完车马、利器械、远粮草、约费用，用作战备，故次计。

谋攻篇第三，计议战略然后可以智谋攻，故次作战。

形篇第四，两军攻守之形，隐于中泽人不可得而知，见于外则敌乘隙而至，形因攻守而显，故次谋攻。

势篇第五，兵以成，然后任势以取胜，故次形。

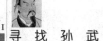

实篇第六，善用兵者避实击虚，先须识彼我之虚实也，故次势。

军争篇第七，先知彼我之虚实，然后能与人争胜，故次虚实。

九变篇第八，变者不拘常法，临事适变从宜而行之之谓也。九者究之，数之极也。用兵之法，当极其变耳。凡与人争利，必知九地之变，故次军争。

行军篇第九，知九地之变，然后可以择利而行，故次九变。

地形篇第十，行师越境，审地形而立胜，故次行军。

九地篇第十一，用兵之地，利害有九。此论地势，故次地形。

火攻篇第十二，以火攻敌，当熟察途径之远近险易。助兵取胜，戒虚发也，故次九地。

用间篇第十三，战者必用间谍以知敌之情实也。用间之道，犹须微密，故次火攻。

（二）

《孙子兵法》十三篇，其理论体系体大思精，军事哲理深邃精辟，文学语言辞如珠玉，内容更是十分丰富，几乎包含了军事学上的各个领域。正如宋代郑友贤在《十家注孙子遗说并序》中所说的那样，是"武之为法也，包四种，笼百家，以奇正相生为变。是以谋者见之谓之谋，巧者见之谓之巧，三军由之而莫能知之"。

孙武及其《兵法》在中国古代军事思想史上的地位的确立，也有一个较长的历史过程。战国时期，孙武因其惊世骇俗的破楚之作被人们所乐道，其英名也为世人所称颂，成为当时人们心目中最崇拜的军事家之一。

与此同时，《孙子兵法》也在社会上广泛流传。《韩非子·五蠹篇》中曰：

> 今境内皆言兵，藏孙、吴之书者家有之。

由此，不难想象当时人们学习孙武兵法的盛况。

西汉初年，著名军事家"张良、韩信序次兵法，凡百八十二家，删取要用，定著三十五家"（《汉书·艺文志》），对古代的兵法进行了第一次大规模收集整理工作。

到了汉武帝时，"军政杨仆捃摭遗逸，纪奏《兵录》"（《汉书·艺文志》），对古代兵法再次进行了认真整理。

汉成帝时，"光禄大夫刘向校经传诸子诗赋，步兵校尉任宏校兵书，太史令尹咸校数术，侍医李柱国校方技。每一书已，向辄条其篇目，撮其旨要，录其奏之"（《汉书·艺文志》）。

这是一次对古籍的全面整理校对工作。在这次校理工作中，刘向、任宏对所能收集到的各种《孙子兵法》的古抄本进行了慎重的校勘辨伪工作。通过对文字的校勘，统一篇名，排定章节次序，确定了书名。从此，《孙子兵法》才以相对固定的版本世代相传下来。

任宏在论次兵法时，还将兵书分为四大类，分别是：兵权谋家、兵形势家、兵阴阳家和兵技巧家。而《孙子兵法》作为"兵权谋家"之首，当时最受尊重，流传也最广。史载，汉武帝曾教其爱将霍去病学习"孙、吴兵法"（《汉书·霍去病传》）。

此后，韩信、赵充国、冯奉世、冯异等名将，以及淮南王刘安及其门客所著的《淮南子》、王充的《论衡》等典籍，也都引用了《孙子兵法》中的文句，作为自己立言或行事的依据。

因此，司马迁在总结概括当时的这一社会现象时，曾不无感慨地说：

"世俗所称师旅，皆道《孙子》十三篇。"

秦、汉以后，《孙子兵法》的地位日渐提高。三国时期，一代枭雄曹操曾赞誉道：

"吾观兵书战策多矣，孙武所著深矣！"

用兵如神的诸葛亮也赞赏道：

"战非孙武之谋，无以出其计远。"

到了唐朝，唐太宗李世民对《孙子兵法》也推崇备至。根据《唐李问对》中记载，李世民曾发自内心地赞叹道：

"朕观诸兵书，无出其孙武！"

宋代戴溪所撰的《将鉴论断》中，称《孙子兵法》十三篇"众家之说备矣"，其"微妙深密，千变万化不可穷。用兵从之者胜，违之者败"。

宋代著名的改革家王安石也指出：

"但用孙武一二言，即可成功名。"

文学家苏洵则认为：

"《孙子兵法》词约而义丰，天下之兵说皆归其中矣。"

明代时期，抗倭名将戚继光也赞叹《孙子兵法》道：

"孙武之法，纲领精微，为莫加焉。"

（三）

人们在给予《孙子兵法》充分的肯定和不绝的赞誉的同时，还采取了具体的措施来学习和研究《孙子兵法》。

东汉时期，中央政府就作出规定：

立秋之日……兵官皆肄孙、吴《兵法》，六十四阵，名曰乘之。

北宋元丰四年（1081），年轻气盛、意欲有所作为的宋神宗命令朱服、何去非等人，历时三年，从浩繁卷帙、琳琅满目的兵书中遴选出以《孙子兵法》为首，包括《司马法》《吴子》《六韬》《三略》《唐李问对》等七部兵书，号为《武经七书》，将其颁行武学，培养将士，以期提高军队的战斗力。

从此以后，《孙子兵法》便被确定为官方军事理论的经典。由宋代到清代，《孙子兵法》就一直作为武学科举的必备教科书。而《孙子兵法》作为兵书之首的显赫地位，也从未动摇过。

自从三国时期的曹操潜心研究《孙子兵法》，恢复"十三篇"的本来面目并为之作注之后，历代注家蜂起，《孙子兵法》也广为印行。

据不完全统计，为《孙子兵法》作注者近200家，注本流传也有近70家之多。除了曹操以外，比较著名的注家还有南北朝时期梁朝的孟氏，唐朝的李筌、贾林、杜佑、杜牧等人；宋代有张预、梅尧臣、施子美、何延锡、郑友贤等；明代有赵本学、刘寅、李贽等；清代则有邓廷罗、顾福堂、朱墉、黄巩等。可谓名家辈出，蔚为大观。如此众多的人物都为《孙子兵法》作注，也充分说明了孙武及其兵法在中国古代的崇高地位及重要价值。

明代兵书《投笔肤谈》中认为：

> 《七书》之中，唯《孙子》纯粹，书仅十三篇，而用兵之法悉备。

因此可以说，《孙子兵法》堪称是古代军事理论的集大成者，它构筑了古典军事理论的框架，以至后世许多兵家都难以逾越，而只能依照其内容进行发挥创造。

事实也的确如此，后世的诸多军事理论研究，可以说基本都是在孙武思想的基本精神与原则的指导之下进行的，袭用和征引《孙子兵法》文字和句意作为自己兵学理论依据的现象十分普遍。比如，《吴子》中袭用《孙子兵法》的内容就有数十处之多。

后世的学者在研究军事理论时，所研究的内容基本也不出孙武所提出的军事理论认识的基本范畴，诸如虚实、奇正、主客、形势等。他们只是对这些范畴进行进一步的丰富和发展。

同时，《孙子兵法》的编撰风格和体裁也为后世所效仿。《孙子兵法》中所阐述的兵理的突出特点是词约义丰，舍事言理，具有高度的哲理色彩和抽象性质。而后世所著的兵书，如《孙膑兵法》《吴子》《投笔肤谈》等，也都秉承了这一传统，以至于形成了中国传统兵学"以理系事"的明显特点。

近现代以来，尽管社会性质发生了重大变化，科学技术的进步也导致武器装备有了质的飞跃，战争的样式也有了崭新的形式。但是，《孙子兵法》中所揭示的基本军事原理却依然具有重要的借鉴和应用价值，因此也受到不同阶级、不同阶层的军事家的高度重视。

近代民主革命家，伟大的革命先驱孙中山先生对《孙子兵法》钟爱有加，并将其看成是中国军事哲学的奠基之作，而给予其极高的评价：

> 两千多年前的兵书，有十三篇，那十三篇兵书便是解释当时的战理。由于那十三篇兵书，便成立中国的军事哲学。

（四）

《孙子兵法》不仅在中国产生了深远的影响，而且还越出国界，被译成了英、日、俄、法、意、捷、越南等十几种文字，成为全世界人

民的共同财富。

《孙子兵法》在世界范围内的传播，大约从公元8世纪开始，首先在东南亚一带流传。大约17世纪以后，又陆续传到欧洲、美洲。

有学者认为，《孙子兵法》在世界范围内的传播应以日本为最早。但日本研究《孙子兵法》的学者佐藤坚司在其所著的《孙子思想研究史考》一书中，对《孙子兵法》传入日本的历史作了精细考证，认为《孙子兵法》传入朝鲜要比传入日本还早。

将《孙子兵法》最早引入日本的，是日本奈良时代一位名叫吉备真备（693-775）的著名学者。他曾来过中国，当时正值唐朝的"开元盛世"，他在中国留学18年之久，兼修文武两学。在结束了长达18年的苦读生涯，辞别中国，准备返回日本时，吉备真备在他鼓鼓的行囊中，装满了他精心搜集的中华文化典籍，其中就有一本《孙子兵法》。这也是《孙子兵法》正式走出国门、流向世界的开始。

吉备真备将《孙子兵法》带回后不久，就运用其中的"兵之情主速"等作战原则，迅速平定了惠美押胜发动的一次叛乱。从此以后，《孙子兵法》在日本逐渐流传开来。

日本战国时期，名将辈出，如织田信长、丰田秀吉、德川家康等人，他们都熟读《孙子兵法》，掌握其中的基本原理，而且运用起来，得心应手，屡试不爽。

正因为《孙子兵法》在日本的传播源远流长，所以日本学者也给予了《孙子兵法》极高的评价，说它"闳廓深远"，认为它是"兵之要枢，而弗可不学者也"。也有一些日本人评价说：

"孙子是东方兵学的鼻祖，武经之冠。东方各种兵法皆出自孙子，实在不错。"

《孙子兵法》进入欧美人的视野相对来说要晚许多。1772年，法国神父约瑟夫·阿米欧在法国巴黎翻译出版了《中国军事艺术》丛书，其中首次收录了《孙子兵法》。但法国当时的一家杂志就对此评论说：

"如果统率法国军队的将领能够读到像《孙子兵法》这样优秀的著作，那是法兰西王国之福。"

1972年，法国巴黎还出版了法文新版的《孙子兵法》。

《孙子兵法》对英国的军事思想也产生了巨大影响。1905年，英国炮兵上尉卡尔斯罗普的英文译本《孙子兵法》在日本东京出版，这也是《孙子兵法》传入英国的第一个英译本。

此后的1910年，英国伦敦隆重推出了著名汉学家贾尔斯精心翻译的《孙子兵法——世界最古的军事著作》。

贾尔斯曾对《孙子兵法》原作进行过深入的研究，由于他的汉学造诣极深，因而其译文也属上乘之作，不仅富有韵律感，注释也十分详尽，并附有译者的见解和研究成果。

所以，此书一出，立刻便走入了西方人的生活，而且经久不衰，在西方世界产生了很大的影响。

此外，在德国、俄罗斯、美国等国家，《孙子兵法》也逐渐得到了广泛的传播，并对各国的军事思想产生了深刻的影响。

如今《孙子兵法》在世界上的影响早已超越了军事领域，在政治、外交、商业、医学、体育甚至人事处理等方面，都发挥着越来越重要、越独特的作用。可以说，《孙子兵法》已经成为全人类最宝贵的精神财富，今天的我们更应该很好地继承这份弥足珍贵的历史文化遗产。

孙武虽然著《孙子兵法》，但严格来说，孙武应是个"反战者"。这里的"战"，特指正面战场上的军事行为及战斗。因为战争是资源消耗战（日费千金），而且正面战场的战斗即使能够击溃敌军，己方的损失也是不可避免的。最佳的胜利就是不战而胜，也就是不通过正面战斗，而通过其他的方法来对敌军进行消耗，从而击溃敌人（善战者，不战而屈人之兵；或全国为上，破国次之）。

孙武生平大事年表

约公元前535年 孙武出生于齐国的乐安（今山东惠民县），为陈国公子陈完的后裔，初名田武。

约公元前524年 入"庠序"学习"五教""六书"等课程，接受系统的文化教育。

公元前523年 祖父田书奉命伐莒，得胜而归，齐景公封邑赐姓，田武也正式改名为孙武。

公元前520年 开始进行"五射""五驭"等军事课目的训练，并参加了射御逐赛。后跟随叔父司马穰苴学习兵法。

公元前519年 司马穰苴受鲍、国、高诸贵族迫害，被贬官归乡。

公元前518年 司马穰苴忧国忧民，"发疾而死"，促使孙武另外寻求发展之路。

公元前517年 前往吴国寻求发展。

公元前516年 隐居在吴地，开始兵法的编撰工作。在此期间，结识了一生的挚友伍子胥。

公元前515年 吴国公子光自立为吴王，是为阖闾。孙武隐居在罗浮山静观其变。

公元前514年 吴王阖闾任伍子胥为行人，伍子胥协助阖闾建城郭、立守备，欲谋伐楚。

公元前513年 与伍子胥来往密切，经常一起谈兵论政。

公元前512年 伍子胥"七荐"孙武，孙武以兵法十三篇觐见吴王阖闾，并通过吴宫教战，被命为大将。

公元前511年　吴王阖闾以孙武、伍子胥之谋，固本除患，攻打楚国边邑夷、潜、弦等地。

公元前510年　楚国联合越国讨伐吴国，为吴军所败。吴王阖闾使伍子胥增筑都城。

公元前508年　吴国继续施行多方误敌之策，诱桐叛楚，投饵钓鱼。楚国将领囊瓦上钩，率师攻吴，被吴军击败于豫章。

公元前506年　吴国以孙武为主将，伍子胥为副将，西进伐楚，"五战五捷"，攻入楚国国都郢城。

公元前505年　秦国出兵助楚复国，大败吴军。吴王阖闾的弟弟夫概回吴自立，阖闾先回吴，夺回王位。吴军相继班师回国。楚昭王返回郢城。

公元前504年　吴国再次攻打楚国，败其舟师，迫使楚国迁都。此后，孙武便赋闲在家，静观其变。

公元前503年　孙武见夫差日益专横，生活糜烂，沉溺于酒色，不纳臣谏，深感失望。

公元前496年　吴王阖闾一意孤行，乘楚国国丧之机，出兵伐楚，兵败携李，阖闾重伤身亡。

公元前494年　新立吴王夫差出兵伐越复仇，爆发夫椒之战。大约在此战之后，孙武便挂冠归隐，回归山林，从此史无所记。